亚特兰蒂斯

寻找失落的文明

石　默◎编著

时事出版社

前　言

亚特兰蒂斯，一个传说中高度文明的国度，一个在一夜之间消失得无影无踪的帝国。

几千年以来，关于亚特兰蒂斯是否存在，它究竟是一个怎样的国度，发展到什么程度？它又是如何消失的？众多的历史学家一直争论不休，而考古工作者始终在寻找它的踪迹。

在地球几亿年的发展过程中，类似亚特兰蒂斯这样的古文明又有多少？在那个遥远的时代，没有如今的技术，也没有如今这样便利的工具，古人们是怎样创造出了这些人类文明奇迹的？无数科学疑团都等着人类去探索，去揭晓答案。

当然，我们在寻找答案的过程中也不能忽略现代。看着那些或于战乱或于灾难中毁掉的古城、古国，我们不得不联想到未来。虽然人类文明一直在进步，但是不可否认的是，我们也在前进中伤害了它。地球上有些地区，有些文明，也许在未来的某一天就会像神话中的亚特兰蒂斯一样，成为海下世界。

有些文明的消失也许只是末路的开始，我们虽然认识了过去，但是我们未必看得见未来，谁也不能保证未来的某一天我们不会像那些古文明一样湮没在尘埃中。未来人类有没有消失的可能？答案是肯定的，在我们周围，潜藏着各种各样的生存危机，虽然我们不敢肯定人类的末路从此开始，但我们也不能否认有一天我们会重蹈覆辙。

你对人类文明是怎样看的？过去的消失的、当下的危险的、未来的担忧的——这些你又是如何看的？也许你觉得历史是过去，但历史也是未来。如果你想探寻像亚特兰蒂斯那样从地球上消失的古文明，想知道当下又有哪些文明可能在未来消失，就从本书开始进入历史的时空隧道吧！

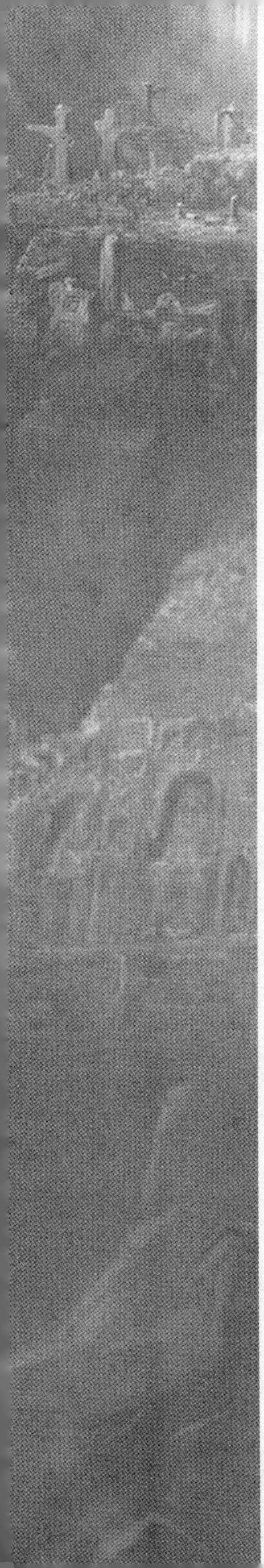

目录
Contents

上篇　消逝的古代文明

第一章　湮没的古文明

第二章　逝去的国度

第三章　历史中的城池

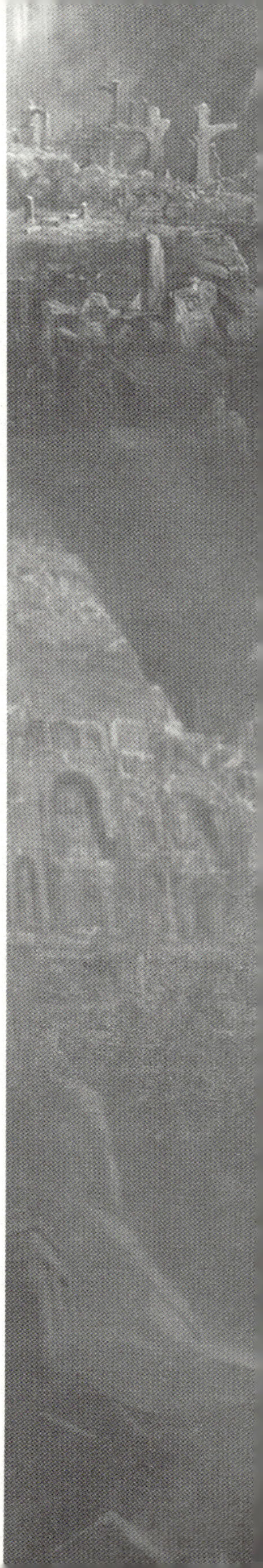

第四章　被毁灭的奇迹

中篇　即将消失的地方

第五章　在“风云突变”中挣扎的城市

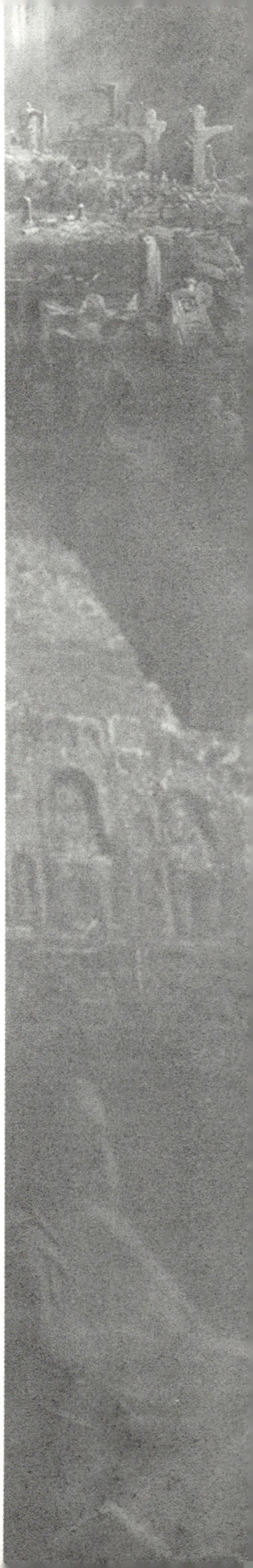

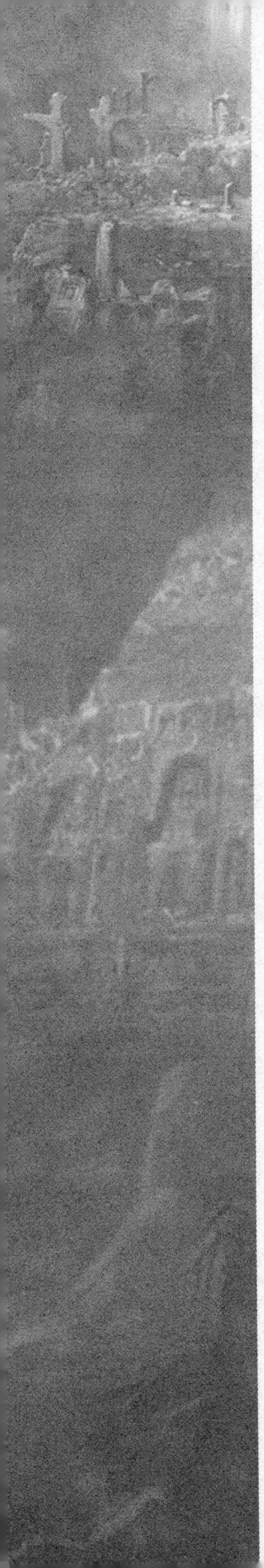

上篇

消逝的古代文明

第一章　湮没的古文明

我们人类文明之所以有今天这样的成就，离不开古人贡献的智慧。他们在很久很久以前，在世界各地创造了璀璨的文明，虽然有些文明已经消失了，但是它们留给我们无尽的疑团，等着我们去解开……

传说中的姆大陆

根据科学研究，我们可以知道，最初的原始人在300万年以前就出现了，不过那时我们还不能说人类文明已经开始。虽然人类自诞生以来已经有了几百万年的历史，但科学界认为人类文明的出现仅仅只有几千年的光阴。

那么人类文明又是起源何地呢？当这个问题出现的时候，你是不是想到了四大古国？没错，人类文明在这四个地区得到了繁荣发展，但人类文明比四大古国的出现还要早上许多。在考古学家们致力于在各大洲四处奔波寻找的时候，似乎无意识地将眼光放得狭隘了——因为地球上除了陆地之外，还有广阔的海洋。而且根据时代变迁，有些原本沉睡于海底的地方破水而出，形成了高山，同样，也有一些高耸的陆地沉入了海洋。

在沉入海洋的陆地中，是否有人类文化随着陆地沉没呢？说到沉没的陆地，你是不是想到了亚特兰蒂斯？实际上，在很久很久以前，也许有一个存在着高度文明的古大陆沉没了。

为什么会有这样的假设？还要从1868年说起。在那一年，有一个叫乔治·瓦特的英国陆军上尉因为喜欢东方文化而去了南亚。在那里，他认识了很多印度教的僧侣，在一天偶然的散步中，他发现了一些刻着奇怪符号的黏土片。这马上吸引了他的注意力，随后，他找到寺庙的僧侣，询问黏土片的来历。主持告诉他，这些黏土片是寺庙历代守护的圣物。后来，陆陆续续又有一些黏土片被找到，乔治便开始了破译黏土片符号的工作。

历经了大概两年的时间后，他对外宣布黏土片上的信息已经被破译了，黏土片上记载的是一种当时地球上不存在的文明——姆大陆文明。就这样，姆大陆文明进入了人们的视线。

当然，除了乔治·瓦特之外，还有其他人也对这种神秘的文明展开了探索。事实上，乔治·瓦特并非是唯一一个认识到姆文明存在的人，曾经有一个西班牙的神父写过一篇《尤卡坦纪事》，其中有一部分内容记录了玛雅象形文字的草图，草图中就提到了姆大陆的存在，而且还说姆大陆是因为火灾消失于在这个地球上的，而“姆大陆”的名称也是从这本手稿中来的。也就是说，乔治并非是第一个怀疑姆大陆存在的人，而是第一个找到了姆文明存在证据的人。

乔治后来为了证明自己的观点，还在东南亚各国和太平洋的很多岛屿中寻找姆大陆文明的一些证据，到了1931年，他出版了《消失的姆大陆》一书，因为有很多他掌握的历史痕迹，所以这本书一时轰动全球，后来，越来越多的相关著作出版，让人们不得不相信在太平洋的海底沉没着一片沃土。

在《消失的大陆》一书中，乔治·瓦特对姆大陆进行了详细的描述，在他的描述中，姆大陆跃然眼前：

姆大陆在南太平洋上，东西长8000多千米，南北宽约5000千米。姆大陆北起夏威夷，南至塔西提岛，东起复活节岛，西到马里亚纳群岛。因为位置问题，姆大陆上四季温暖，在各种优越的环境围绕下，孕育出了姆大陆文明。之后，地球上的首个大帝国——姆帝国诞生了。

乔治认为，居住于姆大陆上的居民都拥有极高的智慧，他们建造了许多精美的建筑，城市经济发达，商业繁荣，人们安居乐业。他们还有着先进的航海技术。传说中，姆大陆的人们还曾进行过殖民扩张，曾到过南美洲，并在那里创立"卡拉帝国"。另外，相传他们还创造了史前超文明，比如创造出了飞行船……当然，这些只是传说，未免有些夸张，毕竟没有得到证实。

不过，姆大陆的存在是被很多人认可的，人们相信，姆大陆是世界文明的摇篮，虽然它曾经创造了璀璨的文明，最终却因为火山爆发而付之一炬，少数的幸存者被迫移民到一座小岛上。现如今的复活节岛上有一些巨人石像和刻有文字的石板，有些人认为这些是姆文明的遗迹。

只是，相对于确切的证据，关于姆大陆的传说更多一些，因为人们至今发现它存在的证据并不多，所以关于姆大陆的问题，仍旧存留着很多等待我们去探索的疑团。虽说姆大陆是否真正存在，遗址究竟在哪里没有确切的证据，但还是有迹可循的，一些考古学家通过潜水，在密克罗尼西亚群岛附近海底发现了一片沉没的古代陆地，在这片土地上，有完整的街道、住宅和石像，而且还从这片陆地附近打捞出了许多黄金和珠宝。加上太平洋很多岛屿上都有一些石像、石城遗址，所以我们有理由相信，姆大陆也许真的存在，只是我们还没有找到罢了。

现存于地球的古迹当中，有很多几十亿年前的核反应堆、金属球等等，这些显然并不是我们历史中记载的技术，其中有些文明古迹甚至是我们凭今天的科技都无法建造的，基于此，我们可以相信，在史前或许真正有高度发展的文明，只是它们并没能成为我们历史传承的一部分，因为某些我们不知道的原因而毁灭了，造成了历史断层，让我们的科技滞后多年……

已经消逝的文化曾经再辉煌也已经没落，我们所能做的就是保护好今天的人类文明，不让史前的悲剧再次上演。

河岸边的哈拉帕文明

古印度是世界四大文明古国之一，很多灿烂的古印度文化被传承到了今天。那么，我们是否可以认为发生在印度这片土地上的文明都被很好地保存下来了呢？这样说未免有些太过绝对了。

虽然古印度创造了灿烂的文明，但是这片土地上也曾丢失过让人倍感惊艳的文化——哈拉帕文明。

哈拉帕文明是古印度文明的遗珠，不过这种文明遗留下来的证据并不充足，所以考古学家们也仅能靠推断来猜测它的衰落时间，至于它是什么时候起源的，我们就无从得知了。

当然，这也因为我们对哈拉帕文明的探索时间不长，可以说是从19世纪才开始的，所以与其说它没有留下太多的痕迹，我们也可以认为还有很多关于它的线索，只是我们还未发现罢了。

一般情况下，人们都认为古印度的文明是在公元前1000年的吠陀时代开始的，但是随着哈拉帕文明的发现，真正的古印度文明要比我们想象的更加久远，可以说整个史前时期在印度河流域这片沃土上，一直有人居住。只是我们并不知道哈拉帕文明为何会突然衰落，又是怎样衰落的。

18世纪的时候，印度旁遮普地区的哈拉帕就曾挖掘出一些大都市的遗址，只不过那时人们并没有想到这代表着史前文化。在19世纪中叶的时候，印度考古局长康宁翰又在这里发现了一枚奇怪的印章，不过他只是将这个刻着看不懂字符的印章当作了外来的文物，并没有深究，而哈拉帕之前被挖掘出的遗址也没有再被人们关注。

直到1922年，一名勘察队员再次在这片土地上发现印章，人们才再次注意到这片废墟。通常来说，哈拉帕文明所在的地区如今已经是一片荒芜了，附近除了遗址之外只有漫天黄沙，人们无法注意到也情有可原。幸好人们意识到了这片黄沙下掩藏着什么，才让几千年前的文明重见天日。

在20世纪，通过几十年的挖掘，人们发现了摩亨佐·达罗，它和哈拉帕以及周边的100多个小乡村、城镇共同组成了失落的哈拉帕文明。

通过对哈拉帕和摩亨佐·达罗遗址的考察，人们几乎可以断定那时的人们拥有着高度发展的文化，哈拉帕和摩亨佐·达罗都有着复杂的城市规划设计，文物也相当多姿多彩，这些都吸引着人们去探索。只是和那些有史可证的文化不同，这种文化似乎被人们所遗忘了，现存的文献当中根本没有这种文明的资料。考古学家们也只能凭着对发现的印章研究，推测这种文明大概存在于公元前2350年至公元前1750年。

我们都知道，文字是一种人类文明的代表，而通过对印章的研究，我们几乎可以断定出哈拉帕文明是确实存在的，只是印章上的文字究竟记载了什么内容，又反映出当时怎样的社会制度、经济状况，我们就无从得知了，因为这些象形和音节掺杂的文字符号并没有那么容易被破解，直到今天，人们也没有真正破解这些，因此有很多当时的情况我们只能根据掌握的古材料进行推测，并不能完整的还原。

根据考古学家发现的镰刀等农具，我们可以推测出哈拉帕文明时期农业部门是经济发展的命脉，那时的人们栽培的作物种类已经很丰富了，有小麦、大麦、豆类、芝麻、棉花以及一些蔬菜，虽然那时水稻种植并不普及，但在水源比较丰富的地方人们也已经开始种植水稻了。椰枣也是那个时代人们食用的一种作物，只是并没有充足的证据可以证实那时已经有人工栽培。除了粮食作物之外，那时的人们也开始驯养一些家畜，比如猪、牛、羊等。从这些方面来看，在哈拉帕时期，人们的生活应该是非常富足的。

从另一个方面来看，出土的除了一些动物骨骼、作物种子，还有很多工具，除了石制工具之外，还有很多青铜器乃至铜器，有斧子、镰刀、鱼钩等生产生活工具，也有匕首、箭镞等武器。更让人们倍感意外的是，那时人们甚至掌握了金、银、铅、锡等金属的加工技术，从出土的一些饰品来看，可以推断出当时人们有着精巧的金属加工技艺。

另外，当时的纺织业和制陶业也非常发达。人们不仅掌握了纺织技术，还掌握了染色技术。如此了得的技术，也促进了当地的商业发展。不过，让人们感到疑惑的是，从出土的文物来看，哈拉帕和摩亨佐·达罗确实拥有高度的文明，但是周边上百个小城镇和村落却落后于这两个城市，虽然是同一个时期的文明，但并没有这两个城市发达，或许那时和现在一样，都市的发展要领先于乡村吧！当然，这也只是我们目前的推测。

哈拉帕和摩亨佐·达罗两个城市可以说是哈拉帕先进文明的代表，这两个大规模的城市总面积大概有85万平方千米，人口在7000人左右。至于哪些人有幸生活在这片沃土上，我们无法确定，有的人认为是雅利安人，有的人则认为是历史悠久的苏美尔人，也有人认为是混血人种，或是达罗毗荼人，不过这些都没有实际的依据，也只是我们的猜测罢了。

不过，比起那个时候人们生活的状况，我们更加好奇这样一个先进的文明究竟是如何覆灭的。毕竟它曾经在那个远古的世界如此先进，想要毁灭这样的文明，得拥有多么强大的力量呢？对此，研究哈拉帕文明的学者们众口不一。

有的学者从现在入手，就像开篇所说的，哈拉帕文明遗址所在位置是一片荒芜的沙漠，所以这片地区可能在那个时代就逐渐沙漠化了，这迫使人们不得不遗弃自己的家园，迁往其他的地方，又或者是地震、泥石流等灾害使得印度河改流，失去了水源的人们不得不背井离乡，重建家园。

只是这种说法并不能得到所有人的赞同，毕竟哈拉帕文明跨越了很大一部分地区，仅仅是自然灾害，又怎么能一下席卷如此广阔的区域呢？针对这个问题，又有其他的学着提出，可能是高度的人类文明使得自然环境遭到破坏——毕竟我们今天就遇到了这样的问题。因为自然环境的恶化，使得哈拉帕文明没落了。也有学者认为可能是发达的文明招致了外族入侵，使得哈拉帕文明最终灭亡……

各种各样的说法都有自己的道理，也同样有漏洞，各种各样的说法反倒给这个神秘的古文明又加上了一层神秘的面纱。究竟哈拉帕文明时代发生了什么，它因何而起，又因何而灭？这些还等待着更多证据的出现，等待着我们继续去探索。

最古老的中美洲文明

提到美洲的古文明，你会想到什么？也许你脑海中第一个出现的就是玛雅文明，因为玛雅文明实在是太古老，太神秘了。不过在这里要告诉你的是，在中美洲有一种比玛雅文明还要古老的奥尔梅克文明。

其实，玛雅文明固然神秘，但奥尔梅克文明又何尝不是呢？对于未能经历那个时代的我们而言，任何一种消逝的古文明都是神秘而神圣的。奥尔梅克文明号称“中美洲文明之母”，诞生于如今的墨西哥地区。

和没有任何文献记载的哈拉帕文明不同，奥尔梅克文明在墨西哥当地可是代代相传的。在墨西哥的民间传说中就有关于奥尔梅克的记载：传说在远古的墨西哥森林中，生活着古老的拉文塔族，他们充满智慧，凭借着勤劳的双手创造出了美丽如童话般的城市，创造了高度发达的奥尔梅克文明。

奥尔梅克文明大概出现在3300多年前，位于现今墨西哥的塔巴斯科州和维拉克鲁州，面积大概为18000平方千米，西起帕帕洛阿潘河，东到托纳拉河，因为在两条河道之间，因此这块地区水草丰美，非常适合橡胶树生存，因此生活在这片地域的人被称作“橡胶之乡的人”，或者被称作“奥尔梅克人”。

帕帕洛阿潘河和托纳拉河是孕育了奥尔梅克文明的两条主要河流，但是在这片地域上，还有很多其他的小河流，加上炎热多雨的气候，这片地区东部形成了沼泽地，西部则是洪泛区。

奥尔梅克文明包括三个部分，即圣洛伦佐文化、拉文塔文化以及特雷斯·萨波特斯文化。这三种文化可以说是奥尔梅克文明的三个时期，并不是同时出现的。这三种文化连接在一起，组成了影响了中部美洲的灿烂古文明。后来出现的比较为人熟知的玛雅文明和阿兹特克文明都和奥尔梅克文明有着很深的联系。

这几个文化遗址是在20世纪中叶时被找到的，那时墨西哥考古学会因为传说而对奥尔梅克文明产生了好奇，进而对其进行了探索，他们首先在拉文塔森林当中找到了11尊古老的巨石雕像，紧接着找到了拉文塔和特雷斯·萨波特斯两个城市遗址，过了20年，最早的圣洛伦佐也被发现了，就这样，奥尔梅克文明出现在了人们眼前。

根据现有的证据，我们可以断定，他们那时过着刀耕火种的生活——这和其他的先进古文明没有什么区别，但值得一提的是，奥尔梅克人掌握了玉米的种植方法，毫不夸张地说，他们是世界上第一个培植玉米的种族！

当然，这只是奥尔梅克文明的一部分，在它璀璨历史当中，艺术可以说是最为突出的一个部分，有很多那个时期的文明财富遗留到了今天，成为中美洲文明的一个部分。奥尔梅克人除了建造宫殿之外，也建造了精美的金字塔，不过，在其艺术造诣中，当属雕像最为出众。奥尔梅克文明时期巨大的石头头部雕像非常著名，从先进遗留的一些艺术品来看，当时人们的审美趋向于丰厚的嘴唇和凝视一方的双眼。

在如今存留的奥尔梅克雕像中，奥尔梅克巨石头像最为出名。这尊雕像是由整块玄武岩雕刻而成，写实性很强。当然，奥尔梅克巨石头像并不是只有这一尊，现存的共有14尊，只不过这座是最大的，它有3米多高，30吨重！不过它最让人惊艳的还是雕刻技艺——厚大的嘴唇，扁平的鼻子以及扁桃状半睁的双眼，看上去活灵活现。

那么这尊头像的“模特”是个什么人物呢？有的考古学家通过他戴的遮住耳朵的花纹头盔推断，当时他可能参加一场神圣的球赛，而沉重的眼皮可能是因为输掉比赛后失落的表现。在那个“野蛮的文明”时期，失败可是会失去生命的，也许这个石像就是被砍下头颅的人的一个纪念碑。不过也有考古学家不这么认为，他们认为这更可能是当时的一个领袖的头像。至于真正的答案是什么，现今仍旧没有定论，还需要更多的史料记载才行。

就像前面所说的，奥尔梅克文明当中有很多优秀的雕塑，向人们证明着它曾经的辉煌。除了这些巨大的头像雕塑之外，还有很多小的雕像，有些以人物为蓝本，也有些以动物为“模特”，而雕塑的石材业多种多样，有绿玉，也有黑玉。

从出土的文物来看，奥尔梅克文明时期的人们似乎非常喜欢用绿玉翡翠来制作装饰品，或是一些宗教用具，这显然已经成为这种文明中的一大特色。在奥尔梅克文明当中，玉石是最贵重的物料，它代表着“至高无上的体面”。绿色玉石在奥尔梅克人眼中，可以说是珍贵和生命的同义词。

由此可见，那个时代的人们对生命和艺术有着最崇高的敬意。在出土的很多玉石人像当中，有些雕像的胸前还有黑曜石做成的镜类饰物，即便经过了几千年的风雨，如今仍旧闪耀着耀眼的光辉，就如同已经消失的奥尔梅克文明一般。不过最让人们感兴趣的还是那个时代人们的信仰，出土的一些雕像似乎可以帮我们解开这个疑团——很多绿玉雕像都是人身豹头。在那个古老的时代，人们大多会在动物世界中给天神找一个“代言人”，显然，奥尔梅克人认为美洲豹就是天神的象征。

在他们的一些宗教雕塑当中，除了可以看出他们独特的宗教信仰，也能看出他们在艺术方面颇深的造诣。除了雕塑，奥尔梅克的制陶业也非常发达，大概在公元前1000至前800年的时候，他们就能制造出有着精美花纹的陶器了，甚至还有一些是黑色的。

他们的创造力不仅仅表现在艺术上，还显露在生活当中。他们那个时候已经发明了橡皮球的游戏，作为生活的一种消遣。除此之外，我们还能够通过遗址发现他们将住宅都建筑在土墩之上，这样就可以防止洪涝灾害……

奥尔梅克人凭借着智慧和勤劳，在当时那个地球大部分都处于文明黑暗中的时代创造了璀璨的文明，实属不易。可是这样一个先进的古文明最终仍旧躲不过没落。奥尔梅克文明曾盛极一时，但是在公元前900年左右，这种文明却神秘地消失了，根据遗迹的考察，人们并没有发现外敌入侵的痕迹。那么是什么原因让人们放弃了这里？科学家们猜测，也许是因为他们赖以生存的河流由于淤泥阻塞而改道，致使他们失去重要的水源，所以被迫放弃了这片沃土，不过这也只是科学家们的猜测，它究竟为什么会消失，还有待进一步考察。

“看见”末日的玛雅人

在2012年接近尾声的时候，世界各地人心惶惶，因为相传2012年12月21日那一天世界将会终结，人们将无法看到22日的太阳。事实上，每天都会有一些唯恐天下不乱的人造谣，说世界末日将要到来，但是真正引起世界人民恐慌的，还是这个所谓的“2012末日”传言。

这个预言有何特别，让人们对此深信不疑呢？很简单，因为这是玛雅预言。说起玛雅预言，相信你一定不会觉得陌生，玛雅文明就因为许多惊世预言而让我们着迷的。比如玛雅人预见了自己的灭亡；预见了希特勒这样一个与众不同的人的出现，甚至预测到了他的诞生日和死亡日；在那个还不知高科技为何物的时代，他们预言汽车、飞机会在现如今这个时代诞生……

一个个成为现实的预言让我们不得不正视“末日预言”，不过事实证明，玛雅人预言的“2012”并非是世界的终结。后来根据科学家的研究以及玛雅后人长老的说辞才发现，所谓的“2012世界末日”只是我们曲解了预言的意思。在玛雅人的预言当中，认为2012年12月21日是一个轮回的结束，预示着新时代开启，而并非世界末日。

不得不说，即便我们误解了这个预言，玛雅文明依旧是辉煌的。在那个年代，他们就已经制定了和现在非常接近的历法了，也已经算出了地球的公转时间是365日又6时又24分20秒——和现在科学家们的计算结果误差很小。除了地球的公转时间外，他们还计算了其他星体的运行时间，而且结果非常准确。

也许玛雅人真的很擅长计算，因此他们不仅计算了许多星体的运行时间，还凭借着出色的计算绘制出了比现在技术还要精准的航海图。

从这些方面来看，我们似乎可以解开一些误会了，与其说玛雅人擅长预言，不如说他们更擅长计算。预言多少都有一些神秘意味，但推测则有实际的依据。

说到底，在那个遥远的时代里，玛雅有着高度发展的文明，除了历法之外，玛雅文明遗址的发现，让我们对它有了更多的认识。在危地马拉北部的一个省，一位名叫洛佩斯的考古学家发现了玛雅文明鼎盛时期建成的一个古城遗址。这座古城坐落在拉坎多纳山脉的密林深处，面积很大。从遗址来看，这座古城有两个很大的广场，两个广场分别坐落在一座30米高山丘的山顶和山脚，之间以60多个石阶相连，两个广场设计非常精巧。由此我们又可以知道，玛雅人不仅擅长数学，还擅长将数学运用到生活的方方面面。

除了这个遗址之外，1839年的时候，一个名叫约翰·斯蒂芬斯的美国人也曾在洪都拉斯的热带雨林中找到过玛雅古文明的遗址，而且这还是人们首次发现玛雅文明的遗址。

毫不夸张地说，玛雅文明是世界上最神奇的一种文明了，因为当时的中美洲先民和其他大陆根本没有任何交流，可以说是一个完全隔绝的状态，他们的文明并没有受到外来文明的影响，全是凭借着当地居民的智慧创造出来的。

玛雅文明大概在公元前2500年形成，公元前400年左右建立了玛雅帝国，大概在公园3世纪至9世纪到达鼎盛时期，在繁荣了几个世纪之后，却突然悄无声息地消失了。在一些玛雅典籍当中，记载了很多玛雅时期的先进文明，这些典籍在16世纪被当时的一个西班牙探险队在玛雅部落中发现，他们难以相信玛雅文明领先于当时的世界水平，认定这些是“魔鬼干的活儿”，于是一怒之下焚毁了大部分记载了玛雅辉煌文明的典籍。以至于如今玛雅文化仅留下了三部典籍和一些石碑、壁画，让逝去的玛雅时代大部分文明成了谜。

对于遗留下来的这些东西，人们现今也只能破译其中的一小部分，大部分记载的内容我们仍旧无从知晓，但是从已经破译的部分来看，就够我们震惊的了，因为他们竟然透漏除了9000万年，甚至4亿年以前的信息！要知道，那个时候地球上甚至还没有人类，也难怪他们的文化会引起西班牙探险队的恐慌了。

玛雅文明虽然不是中美洲最早的文明，却是最发达的古文明，而且它对中美洲的影响也是巨大而深远的。那么如此伟大的玛雅人，日常生活是什么样子的呢？

他们的生活也是以农耕为主，主要的农作物有玉米、番茄、棉花、烟草和可可等。不过他们并不保守，对外贸易也非常发达，他们会用棉花织成布匹，用陶土制作各种器皿，用各种金属锻造合金……

至于他们的建筑，我们从遗迹中已经知道他们的建筑非常精美了，除了广场之外，还有各种富丽堂皇的神殿，甚至还有天文观象台。不过最让人惊奇的还是库库尔坎金字塔。这个高30米左右，四周由365个台阶环绕的金字塔并非陵寝，而是一个羽蛇神庙——羽蛇神是他们宗教信仰中的神明。这个金字塔每逢春分和秋分，在下午3点钟的时候，太阳就会把变强的棱角光影投射在北边石阶的边墙上，这种巧合也许是玛雅人早就想到的。至于金字塔四面的四角浮雕，其精美程度就更不用说了。

玛雅文字也是其文明高度发展的一个表现，它是象形文字和声音的结合体，更加让人难以置信的是玛雅文字拥有非常丰富的词汇，大概有3万多个，如此复杂又如此庞大的体系，也难怪我们如今也只能破译其中一小部分了。

玛雅文明如此辉煌，却又如此神秘，我们不知道玛雅人怎样创造出了一个了不起的帝国，但我们更好奇的是它究竟是怎样灭亡的，而且还是在辉煌的时期悄然陨落。就像其他任何一种消失的文明一样，人们对其消失原因进行了诸多猜测。

有些科学家认为，当时的玛雅人对环境保护意识不够，刀耕火种的方式致使环境恶化，到人口激增的时候，为了满足人们的粮食需求，缩短了休耕期，使得土壤肥力下降，最终粮食产量剧减，粮食短缺，使得人们不得不放弃自己的家园。

不过有些科学家显然不相信这一点，毕竟玛雅文明可以说是一种高度发展的文明，又怎么会因为这样的原因消失呢？于是这部分科学家提出了旱灾一说，他们认为，在公元9世纪的时候，加勒比海地区曾发生三次非常严重的旱灾，而且持续时间都长达几年，恰巧这几次旱灾发生的时间和玛雅人弃城而去的时间差不多，所以这个说法似乎还比较可信。

不过也有科学家认为，这样一个有着高度发达文明的帝国，灭亡的原因很可能是多方面综合在一起的，气候和粮食短缺可能是其中一部分，还有一部分是日益尖锐的贵族矛盾，无休止的战争最终摧毁了他们灿烂的文明。

战争说确实有很多人赞同，毕竟回溯历史，世界上曾有很多强大的帝国皆因战争而毁于一旦，战争能够摧毁任何先进的文明，可以杀掉无数人。而在玛雅文明遗留的石碑上，确实也记载着一些当时的政治形势和战争事件，比如各个城邦之间是如何争权夺位的等等。记载中被攻占的玛雅城邦都遭受了可怕的大屠杀，从现有的证据看来，这或许是其灭亡最可信的一个原因。

不过由于玛雅文明实在是太神秘了，玛雅人创造的一切实在是太超前了，所以也有人不愿意相信他们会这样轻易灭亡，他们更愿意相信玛雅人本就是外星人的后裔，后来他们只不过是离开地球，回到“家乡”罢了，不过至今是否有外星人的存在我们尚未可知，更不能断定这样有些离谱的说法究竟是否真实可信了。

不管它消失的原因是什么，现在它都已经消失了，之后留下了少数后裔以及残存的一些遗迹，证明它曾经的辉煌。

国徽中的文明

墨西哥城是美洲人口最多的一个都市，摩天高楼，纵横交错的街道组成了这个都市的繁华与喧嚣。作为一个现代化的大都市，它承载了太多现今的人类文明，但如果从历史上来看，它的繁荣也许与多个世纪以前的一种古老文明密切相关，那就是阿兹特克文明。

墨西哥城可以说是建立在阿兹特克古文明的遗址上的，不过现代的繁华并没有让墨西哥人忘记他们曾经灿烂的文化，从他们的国徽中就能看出这一点——墨西哥的国徽是一只叼着蛇的雄鹰站立在仙人掌上，据说，这是阿兹特克文明留下来的传说。

传说中，阿兹特克人一直生活在墨西哥谷地北面的阿兹特兰小岛上，因此他们自称“阿兹特克人”，以狩猎为生。但是他们的生活却并不安逸，因为总有强敌侵犯，无奈之下，阿兹特克人只得离开自己的家乡，另觅乐土。这是一个艰难的过程，因为他们途经的地方总会遭到当地部落袭击，没有哪个部落愿意接受他们。在漫长的旅途中，人们越来越渴望安逸的生活。

就在这时，他们信奉的保护神维洛波切特利终于给了他们一个指引—— 一直往南，找到一处有仙人掌的地方，如果那里有一只叼着蛇的鹰，那么他们就应该在那里建造他们的家园。

接受了神的指引，阿兹特克人一路南迁，终于在墨西哥中部一片湖区谷地附近的小岛上找到了叼着蛇的鹰，这只鹰就站在仙人掌上。于是，阿兹特克人停止了漂泊，在有着仙人掌的这个岛上建立起了自己的家园，创造出了辉煌的阿兹特克文明。

当然，这是阿兹特克人本族流传下来的一个传说，至于阿兹特克人究竟起源于北方的哪个具体位置，又为什么不远万里迁徙到南部，至今考古学家都没能解答，因为现存的历史文献对于这部分内容的记载和解释都是非常模糊的，而且非常难懂，加之那个时代喜欢将事实和神话混杂在一起记录，更是难以考证。

不过，阿兹特克人到了新的家园之后的历史，我们就可以知道了。他们在迁徙到湖区谷地附近的小岛后，随着生活的稳定，他们在现今墨西哥城所在的地方建造了他们的首都——特诺奇蒂特兰。特诺奇蒂特兰的意思是“仙人掌之地”，他们在这里繁衍生息，在鼎盛时期，特诺奇蒂特兰的人口达到了20万以上，成为当时世界上最繁荣的城市之一。

他们建造了很多漂亮的住宅，有些还是两层高的楼房，除了住宅之外，阿兹特克人还注重城市规划，建了许多四通八达的小街道，从城市中心向边缘扩散。他们的房屋也有美丽的装饰，比如在屋顶上种美丽的花草。如果那个时候有飞机的话，人们就可以从空中看到一座美丽的“水上花园”。

值得一提的是，阿兹特克人在那个时代就知道如何充分利用空间了，因为是一个岛屿，所以想要获得更多的空间，他们就在附近建起了人工岛，并种植了各种树木和作物，防止水土流失。因为主岛和人工岛的关系，特诺奇蒂特兰也可以说是一个水城，就像现在的威尼斯一样，因此那时的阿兹特克人也以水上交通为主，不过那个时候即便交通发达，建筑也可圈可点，但是阿兹特克人并没有发明自己的货币，他们那个时候在贸易中仍旧是以物易物。

阿兹特克文明时期，发达的不仅仅是城市经济，他们的艺术水平也非常高，历法相对而言也比较成熟，那时的阿兹特克人已经了解了平年和闰年的一些知识。除此之外，他们的医学水平也很发达，他们不仅知道很多可以治疗疾病的草药，甚至还学会了一些可以进行简单麻醉的土法。

可是，即便医疗水平再高，在那个时代还是非常有限的，在面对未知的可怕传染病时他们依旧束手无策，就像我们在现代也曾在非典面前人心惶惶一样。幸运的是我们最终战胜了非典，而阿兹特克人却没能战胜天花。

一场可怕的瘟疫就在阿兹特克文明鼎盛时期出现了。这场天花是怎么发生的呢？这还要从一场战争说起。

阿兹特克人曾为了发展自己的帝国，进行了很多次征战，打败周边的部落才有了那时的繁荣，而当他们繁荣之后，自然成了一些殖民国家眼中的“猎物”。当时西班牙已经在大航海时代中崭露头角了，那时他们正忙于开拓北美的殖民地，富庶的特诺奇蒂特兰自然引起了他们的兴趣，于是他们开始对阿兹特克进行入侵。

在1519年的时候，西班牙开始远征阿兹特克。不过一开始并不顺利，因为阿兹特克人在还没建立家园之前曾经在南迁的过程中吃过不少苦头，其中就包括给一些部落当雇佣兵来获取生活资源，这也练就了他们的骁勇善战，而且建国之初他们也进行过好几次对外征战，不过这些都被狂妄的西班牙侵略者忽略了。

他们在到达特诺奇蒂特兰之前，有些士兵就感到害怕了，因为他们此次出征只有不足700人，而特诺奇蒂特兰却有几百万人，这让他们觉得恐惧。而且在远征途中他们还遭遇了其他部落——特拉斯卡拉人，双方甚至发生了战斗。不过当时谁都没有想到，这次战斗竟然是一次转机。

特拉斯卡拉人的支系部落也曾被阿兹特克人侵略过，所以他们在战斗之后主动找人来讲和，表示愿意帮助西班牙人。西班牙人就此得到灵感，在前进的路上不断收编那些曾与阿兹特克为敌的部落，组成了庞大的殖民军，到最后进犯阿兹特克的时候军队人数已经达到了10万人！

虽然西班牙人为了侵略已经做了诸多准备，但是阿兹特克人事前并不知晓，他们还过着悠闲的日子，所以当西班牙远征军入城之后，可怕的屠杀开始了。短短的几个月中，西班牙远征军进行了几次可怕的血腥杀戮，终于，阿兹特克人无法忍受，开始反抗。其实在这个时候，西班牙又派出了一支政府军队，想要召回阿兹特克的远征军，但是远征军不愿意，所以和政府军发生了冲突，还将政府军的一部分俘虏带回了阿兹特克。

谁也想不到，在政府军的战俘中有一个人患上了天花，就这样，死神悄无声息地降临到了阿兹特克人的土地上。西班牙人长期居住在欧洲，对天花已经有了免疫力，而美洲则是第一次见识到这种疾病，印第安人在天花的蹂躏下再也没有了抵抗力，首先是西班牙远征军的盟军们，他们一个个地倒下，然后特诺奇蒂特兰土地上的人们也开始失去战斗力，无数人因为天花而死。

根据现有的史料记载，那时的西班牙远征军趁着天花肆虐的时候一举攻陷了阿兹特克帝国，阿兹特克帝国的政权就此消失。而西班牙远征军也并没有得到他们想要的，因为天花的原因，使得曾经繁华的特诺奇蒂特兰成了一座死城，西班牙远征军一怒之下便烧毁了这个曾经繁盛一时的大都市……

阿兹特克文明就这样在历史长河中消失了，它究竟是灭于可怕的天花，还是西班牙的殖民战争，抑或者是映照了半边天的大火，我们仍旧很难界定，毕竟这些都给阿兹特克文明蒙上了一层黑纱。不过，只要这个世界还在，阿兹特克曾经的文明与辉煌就永远不会消失！

岛屿上的克里特文明

我们曾听过很多有意思的故事，在这些故事中，有些名字时常反复出现，比如宇宙之神宙斯；拿着三叉戟，能够兴风作浪的海神波塞冬；象征着光明的太阳神阿波罗；热爱和平的智慧之神雅典娜；美丽的化身爱神雅典娜……

或许关于他们的故事我们知道得并没有那么详细，但他们却让我们认识到了古希腊的灿烂文明。追溯古希腊的文明，我们又会发现什么呢？

古希腊文明距今已有悠久的历史，在古希腊文明的体系当中，克里特文明是不得不说的，虽说它不是古希腊文明的一部分，但却深深地影响了之后的古希腊文明，而且克里特文明当中也有很多古希腊的影子，比如繁盛一时的“米诺斯”这个名字就出自古希腊神话。同为古文明，但西方的古文明和东方的古文明又有所不同，我们东方的古文明基本上是过着自给自足的封闭生活，而克里特文明却是在城邦式的商品经济基础上发展起来的。

克里特文明发源于克里特岛，之后传播到了希腊大陆以及小亚细亚，大概在公元前1700年至前1400年到达鼎盛时期。之后走向衰退，不过根据时间顺序，我们还要先说它的起源。

克里特文明也可以称作爱琴文明，没错，这个名字是以浪漫的代表——爱琴海命名的。很多时候，考古学家喜欢将文明以地域来取名。克里特文明可以看作是爱琴文明的前半段。大概在19世纪后半的时候，德国的考古学家谢里曼通过《荷马史诗》以及一些传说，在小亚细亚西北部挖掘出了特洛伊古城，在南西落找到了迈锡尼、太林斯等遗迹，这才让一直深埋历史中的爱琴文明重现于世。到了20世纪初，考古工作有了更新的进展，那就是克里特岛上的诺萨斯、米诺斯王宫等重要遗址被挖掘，使得克里特文明展现在世人眼中。

通过对遗址的研究，我们可以断定，克里特文明最开始源于公元前6000年，那个时代还是新石器时期，居民们多数生活在洞穴中，还没有掌握造房子的技术。到了公元前2500年的时候，历史有了新的进展，进入了青铜器时代，手工业开始发展，进而产生了社会分工以及两极分化。通过对挖掘出的一些首饰和私人印章，还有一些建筑来看，我们基本可以断定，在公元前3000年的时候，克里特人已经有了比较明显的贫富文化了。

不过克里特文化和之前说过的阿兹特克文化不同，克里特文明并不是由单一的人种创造的，大概在青铜器时期，有很多北非的移民来到了克里特，他们带来了埃及的一些象牙、蓝釉陶珠，之后便在这里与的当地人混居了。因此，我们也可以认为克里特文化当中也有西亚文化的影子。不过克里特文化中的西亚元素也并非是单纯的复制模仿，而是通过他们的吸收理解再改造，形成了独特的克里特风格。

大概在公元前2000年左右，克里特出现了国家的雏形，我们又是怎么知道的呢？很简单，在克里特文明当中，宫殿建筑是最突出的，我们从存留的遗址就能知道了。不过可惜的是克里特地区很容易发生地震，所以很多宫殿建筑在可怕的地震中都遭受过损毁，不过有的宫殿损毁后也进行过重建。

在克里特岛上的遗址当中，最出名的就是米诺斯王宫了，这座王宫依山而建，占地超过了2万平方米，其中有1500多间房间，有各种各样的寝室、库房、浴室和卫生间，可以说是一座非常完善又气势恢宏的王宫了。这座王宫有很多小走廊，错综复杂，但是房间都非常宽敞，室内室外的房间之间不是用墙来阻隔，而是通过几根柱子进行划分，这样使得整个房间视野都变得开阔起来，它的布局结构和希腊神庙以及雅典卫城比较相似，看起来庄严而又神圣。王宫走廊上的精美壁画更不用说了，即便经过了几千年的沉淀，这些壁画的色彩依旧非常鲜艳。毫不夸张地说，这座王宫展现出了克里特文明最美丽的一面。而且不得不说的是，我们如今掌握的大部分克里特文明的资料，都是在这座王宫的仓库里发现的！

当然，这只是克里特文明当中的一部分而已。克里特文明当中宫殿是非常重要的组成部分，因此学者们也用宫殿建筑来划分克里特文化的发展时期：公元前3000年左右为前王宫时期；公元前2000—前1700年为古王宫时期；公元前1700—前1450年或前1380年为新王宫时期（在结束时间点上仍有争议）；公元前1450年或前1380—前1100年为后王宫时期。

古王宫时期可以看作克里特文明的形成时期，也是此时，克里特人发明了属于他们的文字——这也是欧洲地区最古老的文字。他们的文字是一种线形的文字，可惜的是考古学家们至今仍未能解读出这种文字，所以我们对克里特文明所知的仍旧非常有限。

不过我们对那个时代的农业还是有一些了解的，比如我们知道克里特文明时期的主要作物是谷物、葡萄和橄榄，而他们也学会了制作葡萄酒和橄榄油，还记得我们提到的王宫仓库吗？他们的仓库很多都是用来贮藏葡萄酒和橄榄油的。

除了农业发达之外，工商业和航海贸易也是克里特经济中的重要部分，他们制作的陶器、铜器、工艺品和一些日常用品都非常精美，这大大刺激了经济发展，而且他们制作的彩陶被人们认作是古代世界最精美的彩陶！同时，因为航海贸易的发展，使得他们的造船业也比较发达，还促进了克里特和地中海各地的联系，尤其是埃及，我们之前也提到过了，克里特文明深受埃及文明的影响。

克里特文明从古王宫时期就已经崭露头角，但真正的繁荣还是新王宫时期，这个时候米诺斯王朝统领了整个克里特岛，还有周边的一些地区，甚至在整个爱琴海地区都有米诺斯的殖民地。这个时期的克里特文明可以说真正的代表了爱琴文明的辉煌。

当时克里特文明最具代表的就是米诺斯的首都克诺索斯，那时这个城市已经成为地中海最大的城市，人口达到了8万人以上，繁荣的经济，精美的建筑，无不让人惊叹。可是此时也因为地震损毁了很多精美的建筑，不过克里特人并不是那么容易放弃的，他们总能在废墟上重建更加金碧辉煌的王宫，最终甚至使得王宫像一个迷宫一样。

不过我们也只能知道这些比较直观的东西了，那时的政治、历史和社会结构究竟是怎样的，也许只有当我们真正破解了他们的文字才能找到答案了。至于克里特文明是怎样衰落的，我们可以肯定的是米诺斯王朝的结束标志着克里特文明的衰落。

关于这个王朝的结束，有两种说法，有一种是希腊人占领了克诺索斯，也有考古学家认为它毁于火山喷发。大概在公元前1470年前后，桑托林火山喷发，引起了海啸，希腊沿海及其岛屿的村镇都被淹没。幸存下来的人逃到了希腊伯罗奔尼撒半岛上的迈锡尼，克里特文明时代结束了，爱琴文明的中心也将在日后转入迈锡尼。

虽然克里特文明时代的结束让我们不禁唏嘘，但至少它并不是什么都没有留下，至少那些生还的人将米诺斯的先进技术和文字艺术带到了迈锡尼，使得爱琴文化得以延续，创造更加灿烂辉煌的时代……

荷马史诗中的文明

如果追溯人类辉煌的历史，古希腊一定不容错过，我们曾听过许许多多似梦似幻的古希腊神话，也被荷马史诗中的故事深深吸引。其中那个因为绝世美女海伦而引发的特洛伊战争更是让我们舍不得错过任何一个细节。其中，征讨特洛伊的希腊联军统帅阿伽门农的故乡你还记得在哪里吗？那是现在已经消失的地方——迈锡尼。

在荷马史诗当中，迈锡尼是一个富足的城市，那么事实上，究竟是否有这样一个富庶的地方呢？答案是肯定的。因为我们已经知道爱琴文明后半段起始于迈锡尼了，在克里特文明衰落之后，爱琴文明的中心转移到了迈锡尼。

迈锡尼文明大概在公元前2200年出现于希腊半岛。迈锡尼人是从欧洲内陆进入希腊的，那个时候他们只是和当地人混居，并没有建立自己的国家。我们都知道，米诺斯的繁盛要比迈锡尼早出现很久，而且米诺斯文明影响了周边的很多地区，迈锡尼就是其中之一。在米诺斯文明传入迈锡尼之后，迈锡尼开始进行了文明过渡，大概在公元前1600年的时候，建立了奴隶制国家，由此，迈锡尼文明出现了。

虽说迈锡尼文明要比克里特文明出现时间要晚，但从影响力和知名度来说，它要比克里特文明强多了！我们从前面已经知道，克里特文明时期米诺斯是海上霸主，但是在陆战方面他们并不擅长，所以最终还是被攻陷。从这一点来说，迈锡尼人更聪明一些，他们继承了克里特的海洋文明，同时他们还懂得吸收其他文明中优秀的部分，使得迈锡尼文明更有魅力。虽说最终迈锡尼文明也没有逃脱灭亡的命运，但是它们却将灿烂的文明留给了后人。

迈锡尼文明指的是当时希腊最强王国首都迈锡尼创造的文明，从遗留的建筑来看，迈锡尼的建筑非常有特色，最为辉煌。在迈锡尼城堡内外有两座墓园，墓园内埋葬着遥远时空中的迈锡尼王族，和许多古代帝王一样，这些王族的墓葬中都有许多精美奢华的陪葬品，而且有一个墓穴竟然出土了870件工艺精美的金银陪葬品，这样大的规模即便是在那时的世界上也是极为罕见的。

根据其出土的工艺品可以断定出，那时的迈锡尼和周边很多地区交往都非常密切，这也是后来为什么它能够崛起的原因。当某一天，克里特文化走向衰亡的时候，迈锡尼开始崭露头角，在迈锡尼强盛起来之后，他们的墓葬建筑也和前期有所不同了，前期的迈锡尼墓葬一般是建在地下的简单的竖穴墓葬，但是后来他们开始建造圆顶墓，这种墓葬建筑是在地面凿岩砌石筑成的，比之前的墓葬建筑结构要复杂，也要更完整。这种建筑形式是来源于克里特，但是迈锡尼人让这种墓葬的规模变得更大了。现存的最大的一个圆顶墓内部高13米以上，墓门高10米，门内的过道以一块120吨的巨石为盖，很难想象，在那个没有起重设备的时代，迈锡尼人是如何做到的！

迈锡尼文明中除了墓葬建筑之外，狮子门也是非常著名的。这个“狮子门”是迈锡尼古城的一个正门，这座狮子门在西北面，门楣上立着三角形的石刻，上面雕刻着有东方元素的雄狮，可以说狮子门是欧洲最古老的雕塑艺术了。

从迈锡尼文明遗留下来的建筑可以断定，在公元前1400—1150年的时候，迈锡尼进入了鼎盛时期。那个时候克里特文明已经衰亡了，而迈锡尼则替代了米诺斯文化中心的位置，成为爱琴文明的中心，和米诺斯一样的海洋强国。当时的迈锡尼航海贸易发达，和周边的很多小国都结成了同盟。在享受繁盛的同时，迈锡尼人也并没有放下戒心，他们在军事方面做了很多努力，从现存的遗址来看，那时的王宫和城堡外都有巨石建筑的围墙，这样即便有外族入侵，他们也可以凭借地理优势与之一战。迈锡尼城堡外的城墙是由巨石建造而成的，足足有8米高，5米厚，易守难攻。同时，他们也非常注重陆战，养了许多战马，还使用马车战术。

那么从遗址上我们可以推断出这么多信息吗？当然不是，很多内容是我们通过对迈锡尼的线形文字进行破解后得知的。在挖掘文物的时候，考古学家找到了许多线形文字的泥板，上面记录了当时一些人的财产，比如农产品、土地的数量，牲畜和奴隶的数量等等，其中也有一些武器和船只的记载，这些足够我们推测出当时的很多情况了。

另一方面，通过对其文字进行破译，我们也可以证明迈锡尼是古希腊文化中的一部分，因为迈锡尼的语言是古希腊语当中的一支。虽说文字的破译为我们提供了很多珍贵的史料，但是并不足以帮我们还原当时的所有，比如那时的政治历史是怎样的，这个盛极一时的古文明又是如何消失的，我们所知甚少。

我们能够知道，大概在公元前1200年之后，迈锡尼也阻止不了历史的进程，开始走向衰落。我们可以在一些考古材料中找到一些证据，比如那个时期的陶器质量下降，贸易情况也不那么乐观了，而且在一些古希腊神话中也提到了那个时候迈锡尼时常有战乱发生，王朝更迭非常频繁。

那么导致其衰落的最根本原因是什么呢？至今为止，还没有一个确切的答案。有人认为迈锡尼衰落的直接原因是特洛伊战争，根据考古学家的发现，公元前1200年之后和迈锡尼一直交往甚密的周边国家开始衰落，导致了迈锡尼经济实力下降，于是各个希腊城邦之间开始争夺财富，使得矛盾越来越激烈，之后长达10年的特洛伊战争便成为迈锡尼文明终结的导火索。不过也有学者不认同这个观点，他们认为虽然战争和内乱可能会导致一个国家的毁灭，但并不至于让一种文明形态消失。

于是又有人认为造成迈锡尼文明终结是因为外族入侵的关系，在特洛伊战争之前，希腊北部就有游牧民族进犯迈锡尼了，并最终占领了迈锡尼，使得繁盛一时的迈锡尼文明衰亡。不过对于这个说法同样有人反对，他们认为迈锡尼早在外族入侵之前就已经开始衰落了，并不能认定外族入侵就是致其消失的根本原因。这部分持反对意见的人认为，迈锡尼文明之所以会灭亡，根本原因还在他们自己。那个时期内战连年，加上天灾，使得粮食减产，社会矛盾日益尖锐，最终人们不得不大批离开自己的家园另寻出路，使得迈锡尼文明最终消失。

不过这也只是人们的推测，至于这种文明消失的真正原因，还等着我们去揭开谜底呢！

谜一样的苏美尔文明

我们所知的古巴比伦就坐落在美索不达米亚平原上，但是我们可能不熟悉的是，在古巴比伦辉煌之前，就已经有一个了不起的民族创造了属于他们的文明，这些人就是苏美尔人，他们创造的文明我们称其为苏美尔文明。事实上，我们对苏美尔文明的了解并不多，有很多关于他们的文明至今仍旧是一个谜。

苏美尔人可以说是最先进入美索不达米亚平原这片沃土的拓荒者，他们具体是从哪里来，我们并不知道，但是因为他们是黑发种族，所以可以推断出他们来自东方。事实上，“苏美尔人”这个称呼并非是他们自己取的，而是后来的阿卡德人这样称呼他们，根据他们留下来的石碑，我们可以知道，苏美尔人更喜欢称自己为“黑头”。

这个神秘的族群究竟从何而来，至今仍旧是一个谜，有的人认为是从伊朗高原来的，有的人认为可能是从阿富汗或者印度河谷地区来的，不过这些也都是猜测，毕竟一个古老的民族或国家所有人全部迁徙到几千公里以外的地方是很难让人信服的，而且在苏美尔文化的典籍和传说中都没有相关的记载，我们也只能发挥自己的想象力了。

虽然对于他们是从哪里来到美索不达米亚平原这一点我们有诸多疑

问，但是毋庸置疑的是，他们在这片沃土上震撼了全世界。大概在公元前3500年的时候，苏美尔人在美索不达米亚南部创造了第一代文明，他们在这里利用幼发拉底河和底格里斯河的河水灌溉，还挖了很多沟渠，构成了灌溉网。通过500年的发展，到了公元前3000年的时候，苏美尔人已经建立了12个独立的城市国家，由此开始进入城邦文明时期。

苏美尔文明可以说是世界上最早创立城市文明的。虽说城市国家是在公元前3000年的时候建立的，但是早在公元前4300年的时候，他们就开始建立城市了，只是那个时候还仅仅是一个氏族制度向文明时代过渡的过程，到了公元前3000年的时候，城邦文明才比较成熟。

当然，苏美尔文明并非几个简单的城邦就可以代表的，他们在方方面面都展现出了过人的智慧。首先，他们创造出了楔形文字，即便对古文字不太了解的人，对这种文字多少也了解一点，因为这是两河流域迄今为止发现的最古老的文字了。他们发明了在半干的泥板上用芦苇秆刻字，然后在把泥板晾干保存，多亏了这种技术，才让我们有幸见到那个时代的辉煌。而且，苏美尔文明消失以后，楔形文字也没有被历史湮没，而是被巴比伦人和亚述人继承了下来，而且经过了扩充完备，传播得越来越广。

除了文字之外，苏美尔人的历法和数学都非常厉害，他们使用太阳历，将一年分成了12个月，并且创立了设置闰年的方法，他们甚至引入了对时间的60进制系统。至于数学方面，我们通过在苏美尔人遗留下的金字塔附近上找到的一块泥板就可以证明，泥板上是一道乘法题，两个数字相乘的结果竟然是15位数！谁能想到，6000年前的苏美尔人具有如此高的智慧呢！

苏美尔文明让我们吃惊的不仅如此，他们甚至因为信仰中的神灵住在山上的传说而在平原造假山！虽然造山的动机如今看来可能有些“愚蠢”，但如果我们知道苏美尔人崇拜的神明是什么样子可能看法就有所不同了。和那些崇拜动物的民族不同，苏美尔人眼中的神明形象很像如今的星星，在他们那些画着星星的图画中，有些星星周围甚至有行星环绕！这是多么不可思议的事情啊！要知道，我们对宇宙的探索是近代才开始的，在6000年以前，根本没有专业的设备和观测技术，他们又是怎样知道恒星和行星的呢？

根据出土的陶制书板记载，我们发现了更令人吃惊的事实，那就是苏美尔人竟然记载了一个人的“宇宙旅行”。在记载的故事中，一个叫恩克度的人被巨鹰抓着飞上了高空，在制高点向下望，大海就像水盆一样，大地看起来就像是米粥。虽说故事的真实性有待考证，但是故事中对实景的精准描写实在让我们难以怀疑。毕竟想象力也需要现实的基础。可是他们是怎样进入宇宙的？这恐怕只能是一个谜题了。

其实，苏美尔文明本身就是一个巨大的谜题，在那个大部分人类在处于钻木取火、敲打石头的时代，他们竟然已经掌握了丰富的知识和高超的技术，无法让我们不啧啧称奇。于是，有些人便相信，他们是来自于外星的民族，毕竟他们是从何而来至今没有一个答案，所以这样去想也有可能，但外太空是否有生命至今仍没有定论，所以我们也不能肯定苏美尔人是外星人了。

可惜的是苏美尔文明并没能留到现在为我们解答难题，因为最终它和大部分辉煌的古文明一样——消亡了。和苏美尔文明的许多信息一样，它的消亡同样是一个谜题。当然，也和其他的很多古文明一样，有很多人提出了自己的看法。

有些学者认为，苏美尔文明的消亡和发达的农业密切相关，虽然他们拥有发达的农业，但过度开发也带来的副作用，那就是土地的盐碱化。事实上，这也是有一些依据的，科学家通过一些古代文献的记载，发现苏美尔文明从一开始就有土地盐碱化的问题存在，那时苏美尔的农业虽然发达，但是灌溉技术远不如现在，只能大水漫灌，另一方面也造成了肥力流失的问题，最终土壤盐碱化造成了颗粒无收，粮食短缺，所以苏美尔人不得不抛弃繁华的家园，另觅乐土。

不过也有些学者认为，苏美尔文明的消失是一种文明交替的过程，古巴比伦发展起来的时候，苏美尔文明虽然走向衰落，但并没有消失，有一部分被古巴比伦人继承了。直到公元前331年，亚历山大大帝带着希腊文明占领西亚，苏美尔文明才彻底消亡，被其他文明所取代。不过事实是否真的这样，恐怕还要我们以后继续寻找证据才行了。

不管怎么说，不管苏美尔文明是否已经消失，遗留下来的谜题都证明了它曾经辉煌过。

秘鲁的文明起源

你知道秘鲁吗？也许今天的秘鲁并没有那么引人注意，但在很久以前，它可是孕育出黄金国——印加帝国的地方呢！至于如今为何没能延续很早以前的繁盛，自然和西方殖民入侵有关。在殖民者入侵之前，秘鲁这片土地上生活着热爱劳动的印第安人，他们和美洲其他地方的印第安人一样，都创造出了辉煌的古文明。

虽然印加文明传遍了世界，但它并非秘鲁这片土地上最早的文明。在锡潘古墓被挖掘出来之前，人们并不知道秘鲁还有比印加文化更古老的文明，随着古墓被挖掘出来，比印加还要早1200年的莫契文明展现在了人们的眼前。

莫契文明大概出现在公元100—700年，当时这种文明存在于秘鲁西北部沿海地区，占地约350千米，是一块狭长的地带，由于这里有莫契河，故而命名为莫契文明。

这种古老的文明和大多数古文明一样，生产以农业为主，他们像苏美尔人那样，在农田边上开凿了许多沟渠，以便引水灌溉。比起美索不达米亚平原而言，秘鲁这片土地上并没有那么多良好的先天条件，这里终年干燥少雨，想要发展农业其实是件不容易的事情，但莫契人硬是凭借着自己勤劳的双手和智慧将那片贫瘠的土地改造成了万亩良田。

在莫契文明最繁盛的时候，大概有5万多人口——比如今秘鲁这一带的人口还要多！他们主要种植谷子、花生、豆类和南瓜。除了种植农作物外，他们还养殖一些供自己食肉的动物，比如美洲驼、麝香鸭以及豚鼠等等，偶尔他们也会到太平洋上捕鱼。

掌握了一定的航海技术，他们的商业也随之发展起来。除了经济方面的发展，莫契文明中的文化成就更是举世瞩目。我们都知道埃及的金字塔，实际上，在莫契文明当中也有金字塔的存在，和埃及的金字塔类似，莫契人的金字塔也是墓葬，不过逝者被安葬在建筑物下面，金字塔以及高台被他们当作宗教仪式举行地以及行政中心。

我们一开始提到的锡潘古墓就是在锡潘高台下挖掘出来的，在1988年，考古学家发现了这个保存完好的莫契文化墓穴，并从中发现了大量的陪葬品，这些无疑给我们带来了珍贵的历史资料。

在陪葬品当中，除了大量的陶器之外，做工精美的金银铜工艺品也非常多。其中一个“金头人”不仅做工精美，还用珠宝和青石雕刻镶嵌成了眼睛，惟妙惟肖。另外，在出土的一个金杯上，还有精美的图案，上面反映了当时的农业情况。除了这些，还有一些其他物体以及动物的雕刻，比如金花生和一些猫科动物的雕刻品等等。莫契人似乎非常喜欢在陶器上作画，出土的上千件陶器当中，大部分上面都有精美的图案，除了反应当时生产状况的画作之外，还有许多惟妙惟肖的动物和人物，有些上面也会绘以花草作为装饰。

这样的一种文明最终仍旧逃不脱毁灭的命运，不过它的存在也并非毫无痕迹的，至少在它消亡之后将先进的生产技术，尤其是农业、纺织和冶金方面的技术传承给了印加人。至于莫契文明为什么会在公元700年毁灭，又是一个历史留给我们的谜题了。

有些人认为莫契文明虽然是秘鲁最早的文明，但并非当时的文化核心，在秘鲁沿海很可能有另一个强大的文化核心，这个核心自南向北推进的过程中，消灭了莫契文明。也有人认为它的消失和很多其他的文明一样，是外族入侵的结果，当然，也有可能是旱灾、洪水等自然原因。总之，至今仍旧没有定论。

不过鉴于对莫契文明的考古研究时间还很短，所以我们并不用那么着急，随着时间的推移，掌握史料的增多，总有一天我们能够找到莫契文明消失的真相!

中国文明的开端

我国地大物博，历史深厚，今天的繁盛可以说是几千年积淀的结果，从我们学习的历史书上看，似乎历史中也未曾出现过什么断层现象，那么是不是就可以认定我们对文明的继承保存很好，我国的文明史上没有遗珠呢?

当然不是，我们都知道李白写过一篇《蜀道难》，其中描写的“古蜀国”曾一度让我们难辨真伪，说它是假的，可《蜀道难》当中“蚕丛及鱼凫，开国何茫然，尔来四万八千岁，不与秦塞通人烟”的描写又不像是随意写的；但若说它是真的，古蜀国又在哪里呢？

自从古蜀国的传言存在，人们就没有停止过对它的探索，不过一直无果。直到1929年春天里的一个偶然的机会，才让古蜀国重见天日。

那天，四川广汉县南兴镇月亮湾的村民在自家田地浇水的时候，偶然发现了一些奇怪的石头，于是他们将这些石头小心地挖掘出来之后带回了家。后来，石头的事情传了出去，引起了考古学家的注意，他们纷纷到这里考察，通过对发现石头周边进行挖掘研究，最终考古学家确定，这几个农民无意中发现了古蜀国文化，也就是我们如今所说的三星堆文明的遗址！

终于，三星堆文明展露在了我们眼前。那么，三星堆文明的名字是怎么来的呢？根据对三星堆遗址的挖掘，发现古域内有三个起伏相连的土堆，于是人们想到“三星伴月”，便称这里为三星堆文明遗址了。

三星堆遗址坐落在广汉城、成都、南兴镇和德阳之间，是青铜时期的一处文化遗址。这种文明之所以神秘，是因为出土的青铜器有几百件，但上面没有任何文字，这是最令人匪夷所思的。对于三星堆文明，我们尚在研究阶段，掌握的历史材料实在是非常有限，所以我们并不知晓那个时代的政治和历史，也不知道三星堆文明是什么人创造的。

三星堆文明可以说是中国最古老的辉煌之一了，因为我们历史书上所说的夏朝也并非信史，其中也有很多神话传说的成分在内，而且夏朝距今也不过4000多年的光阴。有史可考证的第一个王朝是商朝，商朝距今历史也不过3600多年，从这方面来说，中国的古文明时间还不久，但是三星堆文明的发现，竟然将我国的历史推到了4800年以前，即便当时这里不过是个名不见经传的小地方，但却大大扩充了我国历史的容量。

通过对遗址进行挖掘，我们发现了一座三星堆文明时期的城池，这座城建造年代最晚为商朝早期，有人工夯筑的城墙，还有一些房屋、祭祀坑和墓葬。在祭祀坑里，除了青铜器之外还有很多玉石器物，以及一些象牙和金银制品，金杖和金面具以及青铜人头像都是非常具有代表性的，尤其是人头像，和那些写实的风格不同，三星堆文明更倾向于夸张的造型，非常有特色。

虽说出土的文物没有文字记载，但是从出土的一些人像上我们还是可以看到一些当时的民俗，比如穿戴的服饰以及当时人们体质的一些资料。现在我们能够断定的是，古蜀国和中原的商王朝虽然在出现时间上有交集，但并没有任何从属关系，也就是说，古蜀国和商朝是两个相对独立的王国，不过双方之间也并不是那么太平，从商朝的一些甲骨文当中，我们可以发现，曾经商蜀双方也曾发生一些争端，只不过大多有始无终。

虽然古蜀国在我们眼中是一个陌生的概念，但是能与商朝一战，而且遗址中有一些商朝贵族使用的权杖和兵器等等，由此我们可以推测出，这些很可能是古蜀国和商朝战斗之后获得的战利品，当时古蜀国的强盛可见一斑。

另外，在三星堆出土的上千件文物当中，我们可以发现有很多鸟形器物和鸟的雕像，其中有一种鸟的雕像是站在神树上的，另外在很多金杖或是象征着王者的头像上也往往有鸟类装饰，还有一些人首鸟身的雕像，因此，考古学家们推测，古蜀国的人可能对鸟类有一种原始崇拜，换句话说，他们可能将鸟类看作是神明的化身。

我们对三星堆文明的了解也只有这些了，我们可以知道的当时比较发达的技术就是青铜器制造，因为出土了许多精美的青铜饰品，还有六棵青铜树，其中最大的一棵甚至有4米高，装饰非常精美，而且在树座下面有3个背朝树干跪着的人像，从他们庄严的表情考古学家推测这几棵青铜树可能被当时的人们当作神树来供奉。这棵神树是迄今为止世界上发现的体型最大、出现时间最早的一棵，而且考古学家们认为，后世兴起的“摇钱树”很可能就是以此为原型发展起来的。

不过，我们对三星堆文明的了解也仅于此了，毕竟出土的文物并无典籍和字迹，出土的世界上最早的金杖上面也只是有一些箭头和鱼的图案，虽然有些人认为这是文字，但大部分专家认为这些符号只是单独存在，并非一种语言。但让我们有些惋惜的是，这些符号图案的意思我们也还未能破解，也就是说三星堆文明还有许许多多的疑团等待着我们去解开。

我们不知道三星堆文明是从哪里起源的，但我们知道在距今3200年前，三星堆文明突然衰落了，至于原因，仁者见仁，智者见智，大家都有不同的看法。有些考古学家认为，三星堆文明的古城遗址布局和今天的成都比较像，都是临水而建的，河流自古以来就是文明发展的基石，很多璀璨的文明都是河流孕育出来的，但临水而建的城市也有各种各样的隐患，比如上游带来的泥沙改变了河道，使得河水上涨，最终导致古城被毁。也有人认为比起自然原因，更可能是人为的毁灭，不过很可能不是外族入侵，因为那个时候能和商朝打成平手的古蜀国周边并没有什么能够威胁到它的国家，所以人为毁灭更可能是内乱导致，国内频繁的战争让人民失去希望，最终弃城而逃。

这些都是未解的谜团，等着我们去探索。在我们不知道三星堆文明起源于何，又为什么消失的现在，或许也只能通过留下来的青铜艺术品来感受、联想那个辉煌的时代了。

黄沙下的文明

我国地大物博，在数千年的历史长河中，积淀了深厚的文化底蕴，当然，也有一些已经消失了。在人们曾经认为中国的文明史已经完整的时候，三星堆文明的出现打破了这一切，将我国的文明史又向前推进了几百年，同样的，在我们认为古文明只能临河而居的时候，沙漠中出现的尼雅文明又刷新了我们的认知。

在1901年的时候，英国探险家斯坦带着一支探险队来到了我国西部，他们在新疆地区的一个城市停留的时候，从当地人手中得到了两块从北方沙漠找到的古代木简，他们仔细辨认，发现木简上的文字竟然是佉卢文——已经消失很久的一种古代文字。

佉卢文对于我们而言可能有些陌生，毕竟它已经消失得太久了。这种文字起源于古代的犍陀罗（印度古国），后来随着佛教的发展而在中亚流行开来，并且通过丝绸之路传到了我国的西部。可以说佉卢文曾是丝绸之路上重要的通商和佛教语言。不过这种文字并没有什么后继文字，后来被婆罗米文字取代了，这种文字也就消失了。

当斯坦发现了佉卢文木简之后，他觉得这个木简肯定不是偶然出现在沙漠中的，而沙漠中并没有某个古文明的遗址，所以他认为，在沙漠深处，很可能沉睡着一个不为人知的古国！这个推测让他感到兴奋，于是斯坦当即带着自己的探险队前往木简的发现地。

事实就像斯坦想的那样，果然，那里有一个巨大的古城遗址，他和他的探险队又在古城遗址中发现了很多佉卢文的木简，根据木简上的内容，他断定这里就是一个消失已久的尼雅文明遗址！

其实，在《汉书·西域传》当中就有关于尼雅文明的记载，书中记录了尼雅文明的载体——精绝国。精绝国坐落在塔克拉玛干沙漠的南边，就在昆仑山下，是由尼雅河绿洲的人们建立起来的文明，当时这里是汉王朝西域都护府的管辖地区，在帝王之下有将军、都尉和驿长等等。虽说精绝古国面积不大，但是地处丝绸之路的咽喉重地，因此这里融汇了东西方文化，不论是文化还是经济都非常发达。

我们对于尼雅文明是好奇的，因为现在那里没有水，没有绿色，没有人烟，甚至是没有动物，只有枯死的胡杨林，一堆堆死去的红柳冢，唯一剩下的人文气息就只有风沙中的房屋、佛塔遗址了，这样一个酷似“死亡世界”的地方，当年是怎样的呢？在《汉书·西域传》当中，精绝国人口不多，但非常繁华，可是如今却只剩下一片荒凉。

我们不知道这种文明是什么时候出现的，只知道在公元3世纪以后，尼雅文明开始衰落了。之后在斯坦有意寻找之前的1600多年光阴中，它都静静地沉睡在沙漠深处。既然它曾经那样繁盛，究竟是什么原因让这种文明消亡了呢?

人们最先想到的是战争毁灭，因为在出土的木简上记录了精绝国曾长期受到西南方苏毗人的进犯，所以很可能是在多次战争之后消失的。可以从遗址中出土的累累白骨和古尸当中，并没有发现遭受砍杀的痕迹，死者多是平静而安详的；另外房屋遗址虽然饱受风沙，但保存相对完整，并不像是遭受过战火的模样，所以尼雅文明应该不是因为战争而消亡的。

于是有些考古学家从环境方面入手，认为尼雅文明消失很可能是环境恶化的结果，精绝国本身就地处沙漠，即便当时这里是一个绿洲，但如果人们肆意砍伐树木，破坏生态环境的话，沙漠化也是迟早的事情，加上河流改道，这里水资源枯竭，人们自然只能弃城而去了。

考古学家这样认为不是没有道理的，因为在出土的木简当中，有一些关于保护环境的记载，比如砍伐树木要罚马一匹，不过即便这样，也无法阻止尼雅河断流，最终人们仍旧无法守护住自己的家园。

显然，第二种推测更加可靠，但也只是推测，它消失的原因，它的起源，以及当时的社会形态和各种各样的故事，还需要我们慢慢去发掘。

峡谷中的史前文明

在美国新墨西哥州的西北部，是一个石造土著集落住宅群，它就是著名的查科文化公园。查科文明是史前文明。在它被发现之前，人们一直认为在19世纪末这里仍旧没有人生活，是一个寸草不生的峡谷。但是当查科文明遗址出现在人们眼前时，人们才不得不相信，在很久很久以前，这里也曾是一个繁华之地！

查科文明之所以重现于世，完全是一个偶然。在1888年的时候，有两个牧童在查科文化遗址附近放牛，结果牛跑丢了，为了寻找走失的牛，两个孩子发现了这个庞大而又壮丽的古代遗址。

很快，考古学家们纷纷到这里实地勘察。经过一系列研究，考古学家推翻了19世纪前这里无人居住的说法。这个遗址是公元前6世纪时建造的，显然，当时这片峡谷当中就已经有民族在这里生存了，它们创造了独具特色的农业文明，并建造了许多艺术瑰宝。

经过漫长的发展，大概在11世纪到12世纪，查科文明进入了鼎盛时期，在这个时期当中，查科峡谷当中共建造了150多个村庄，而且在村庄的布局上形成了一个绵延400多公里的网状结构，在房屋周围是种植用的梯田。这片土地今天荒无人烟，曾经的这里也极度缺水，但是聪明的查科人修建了堤坝，还开凿了灌溉用的渠道，使得他们的文明得以继续发展。

在查科文明的遗址当中，城堡建筑是最为壮观的，普韦布洛城堡由12个村镇构成，形成了查科人的政治、经济和文化中心。整个城堡呈半圆形，占地约有18亩，周围是砂岩铸就的城墙，城堡主体分为四层，三层是台地，中间则是800个房间和40所会堂。这个城堡之所以呈半圆形，是因为它依峡谷峭壁而立，因地制宜的建筑让它拥有了独特的韵味。这个城堡更加独特的地方是每隔房间的顶部和底部都有一个洞口，这样一来做饭就方便多了。所有的房间都和城堡主体一样，呈圆形，房顶看起来有点像一个蜂箱，人们通过梯子在房顶的洞口进出，因为在查科文明当中，认为地下的洞口是亡灵进入阴间的门，而房顶的洞才是通向外面世界的门扉。

除了宫殿之外，遗址中还有很多大小不一的石屋，这些应该是普通住宅区，不过即便是普通的住宅，建造得都非常考究，每个房子都由上万块石头堆砌而成，但不仅仅是石头，它们使用松木来做横梁。在那个没有交通工具的时代，盖出这样一大片石屋，显然是一个庞大的工程，而且更重要的是盖房子所用的石料和木材都是从40公里之外运过来的！因此，有人认为，这样浩大的工程足足耗费了几十年才完成。

在众多的房子当中，一个直径63米的圆形屋子是最特别的，因为这个屋子的设计就像是一个大音响，两个人站在房屋的两端，一个人小声说话，另一个人也能听得非常清楚，就算是普通的咳嗽声，也如同雷鸣一样震耳。很难想象，当时的人们是怎么发现这一点，从而利用声学原理，结合建筑技术建造出了这样一栋举世无双的房子。

但事实上，查科文明当中辉煌的不仅仅是这一个“音响”，它们的天文水平也是非常高的，从遗址当中发现的“天文观测台”就可以看出当时的先进水平。在“天文观测台”上，有一个锋利的“阳光针”，它垂直放置在石板中央，根据它指向位置的不同，人们可以分辨春分、夏至、秋分以及冬至等不同节气，这样一来他们便能掌握何时播种、收获的时机了。

从出土的文物当中我们还可以发现，查科人应该是非常热爱音乐的，因为在文物当中有一些木质和骨质的笛子。

不过令人叹为观止的还不止这些，在查科文明遗址当中，人们还产生了很多疑问，这里不管现在还是过去都是一片贫瘠的土地，当时人们为什么要选在这里建立一座城市，更不远万里取来石料，建起“悬崖宫”？后来他们又为什么舍弃了自己的家园呢？

这些都已经成了未解之谜，因为查科文化距今实在是非常久远，而且史料也没有记载，出土的文物当中也没有任何文字符号，所以答案也只能靠我们自行推测了。

我们可以肯定的一点是这个文明在14世纪初消失了，至于为什么消失，有人认为可能是氏族内部不和，也有人认为是外敌入侵，或者是气候变换导致这里越来越不适宜生存，因此最终只得舍弃。

不管真实原因是哪一种，我们也只有望着这史前的奇迹叹息了！

第二章　逝去的国度

时间兜兜转转，经历了几千年的光阴，世界才变成了如今这样的格局。但是你知道吗，在历史上，曾有很多世界强国，虽然它们已经不复存在了，但它们的遗址，还在向我们展示着它们千百年前的辉煌呢！

海底的迷之国度

在神话传说当中，海神波塞冬迎娶了一位漂亮的姑娘，这个姑娘为其诞下了10个儿子，波塞冬便将自己管辖的王国分成10个区，让自己的儿子们管理，最高管理权交给长子，他的长子名叫亚特拉斯，因此这个王国便称作“亚特兰蒂斯”。后来，这个帝国在洪水和地震中沉没了。

在听到“神话”二字的时候，我们似乎就怀疑亚特兰蒂斯的真实程度了，加上现如今地图上并没有标注出这样一个地区、国家，甚至是遗址，所以我们完全有理由相信这只是一个传说。一开始，人们也是这样认为的，可是，不仅仅是希腊神话，就连玛雅预言当中也有这个神秘国度的存在。

那么，亚特兰蒂斯是否真的存在，它是个什么样的国度，又去了哪里呢?

随着这些谜团的增加，人们开始了对亚特兰蒂斯的探索。首先，是玛雅预言中的线索。在玛雅人的预言里，人类在繁衍生息的过程中会经历五次毁灭和重生，也就是说会有五个周期，他们称每个周期为“太阳纪”，每当一个太阳纪结束之后，人类毁灭的悲剧就会上演。在玛雅人的预言当中，亚特兰蒂斯就是第四个太阳纪的产物，亚特兰蒂斯帝国的文明也称作光的文明，玛雅人认为他们可以控制光，也正是因为这点，他们肆无忌惮，最终引发了帝国的覆灭。

传说，亚特兰蒂斯是一个人类文明高度发达的帝国，生活在那里的人们过着我们今天仍旧无法达到的高水平的生活，他们拥有高度发达的自动化，人们甚至不需要付出什么劳力就可以安居乐业。他们制作出了能够代替人类劳动的机器人，每个人都聪明无比，就算是现在最聪明学者的智慧也不敌那时十几岁的少年。

而玛雅预言中他们之所以能够控制光，是因为他们掌握了将光线转化成能源的高科技，他们的能源系统是一种六面的巨大柱体状的玻璃物质，他们通过这个柱状体吸收阳光，进而转变成能源。

除了能源方面之外，他们的交通也令现代人震惊，他们使用磁能场驱动一种像是飞盘的飞行器，而且他们传递信息也是通过心灵，这使得他们除了彼此之间可以轻松交流之外，也可以和动物进行沟通。他们甚至不需要通过读书来学习，可以使用特殊的装置来汲取知识。

那时的人们不仅拥有超高的智商，还拥有令人艳羡的容貌，大部分人都长得非常俊美，并且过着奢华的生活，服饰上点缀着精美的珠宝。每天他们只需要享受生活，不需要为了生存而努力。当然，他们也不用担心各种疾病，因为亚特兰蒂斯的人们拥有让人体器官恢复和再生的能力，所以生活在那的人们长生不老。

亚特兰蒂斯因为是波塞冬儿子们共同管理的地区，他们也曾约定过不会发动战争，因此那里的人们也不用饱受战火煎熬，过着安逸的日子。据说在亚特兰蒂斯的鼎盛时期，人口达到了1200万之多。

亚特兰蒂斯是当时世界上最富庶的帝国，甚至连墙壁都嵌满黄金，他们制造了无数精美的神殿、寺庙，还建造了许多公共设施，比如剧场、公共浴池和竞技场等等。亚特兰蒂斯的首都波塞多尼亚也被称作“海神市”，它和帝国一样，都蒙着神秘的面纱。在这里，有温泉、体育馆、公园……

柏拉图是第一个提出这个国家存在的哲学家，在他的描述当中，亚特兰蒂斯就像是现代人类启示录一样的存在，因为那时的人们过着的就是如今我们憧憬着的生活——没有战乱，无需劳动，每个人都有超高的智慧和长生不老的寿命，经济、文化高度发达，科技可以办到任何事情。

听了亚特兰蒂斯的生活，你是不是也有些心动？那么这个帝国是否真的只是个神话呢？多年来，人们对于它的存在与否争论不休，有的人认为这不过是柏拉图自己构建出来的理想国，现实当中是不存在的，毕竟我们人类发展到今天都没能达到那样高度发达的文明。不过也有人坚信亚特兰蒂斯是真实存在的，我们没能达到的科技水平不代表曾经不存在，毕竟现代考古学当中仍有很多难以解释的史前高科技，所以它的存在可能性也不会是零。

就在人们争论不休的时候，似乎有些证据开始浮出水面。首先是半个世纪之前，有人在秘鲁的伊卡城里发现了很多拳头大小的伊卡黑石。这些石头都非常重，最大的一块大概有100公斤。秘鲁的学者哈·卡勃雷收藏了2万多枚这样的石头，并对其进行研究，还出了一本名为《伊卡黑石篆函》的书，在书中他表示，这些黑石的表面雕刻着很多现代化的场景，比如一些手术场景，或是用望远镜探索星空的场景，甚至还有一些乘坐飞行器遨游太空的场景……而事实证明，这些石头上的画面已经有几千年的历史了！

也就是说，早在几千年前人们就记录下了这些，那么是不是证明这些在当时就已经存在了呢？有些考古学家反复分析研究后认为，这很可能是传说中那个高度发达的国家——亚特兰蒂斯遗留下来的重要证据！

而那些相信柏拉图的人根据柏拉图对其存在地的模糊描述，纷纷到大西洋中心——直布罗陀海峡外侧地区进行探索。各国的探险队、考古队经过长时间的探索和分析，提出了几十个疑似亚特兰蒂斯沉没的地点。

事实上，人们为了找到沉没的亚特兰蒂斯，进行过无数次探索，有时也会得到一些成果。比如1898年的时候，一位潜水员在亚述尔群岛900千米之外的海底打捞出一块玄武石，通过对这块岩石进行研究，科学家认定这里曾和周围一样位于海面之上，但是后来由于地壳变动，使得这里下沉到水下3100米的地方。但也止于此，因为潜水员并没能在这块玄武石周围找到任何人类文明的遗迹。

但这并不能阻碍人们探索的脚步，后来，一个名叫罗伯特·萨尔马斯的美国考古学家终于不负众望，在海底找到了一处遗址。他和他的科研小组在塞浦路斯海岸东南方80千米的水下发现了一座人工建筑。

这座人工建筑沉于水下1500米处，它有3000米的城墙，周围还有一些砌着围墙的战壕和山顶。这足以证明有一个古城沉没海底，但是这并不能证明它就是沉没的亚特兰蒂斯，因为人们并没能在这里找到一些墙砖或是兵器之类的史前文物。所以关于亚特兰蒂斯是否真正存在，仍旧缺少证据。

不过在罗伯特之后，对亚特兰蒂斯的考证愈演愈烈。1958年，两个挪威的水手在百慕大附近海域发现了一座古城，他们照下了照片，照片上这里有街巷、建筑和寺院，但是除了照片，他们无法提供更多的证据。1968年，耶鲁大学的教授在比尼岛900千米之外的海底发现了一条长70米、宽10米的石板路。在这片地区，还有几个码头和一座栈桥。事实证明，这个建筑有1.2万年以上的历史了。次年，人们又在这里发现了仿照古希腊样式的大理石圆柱。1979年，美国和法国的一些科学家通过先进的仪器，又在百慕大三角的旱地发现了比埃及金字塔大很多的金字塔，塔下还有两个巨大的洞穴。这让人们不得不再次相信，亚特兰蒂斯也许真的存在！

再加上古巴比伦、埃及、非洲一些部落和印第安人的一些传说，让人们相信亚特兰蒂斯是真实存在的，因为这些地区一些部落的传说当中，大西洲就在他们的西边；印第安人的传说中则认为大西洲在他们的东方。如此巧合的事实，让人们不得不相信，在大西洋也许真的曾有一个我们未知的辉煌帝国。

然而，这也是至今为止所有的证据了，人们虽然有时能从海中打捞出一些人类文明的遗物，但都无法证明那就是失落的亚特兰蒂斯存在的证据。而且传说中公元前16000年的时候，亚特兰蒂斯帝国突然消失，也是疑团重重。

人们都知道它沉没于海底了，但是是什么力量足以将一块大陆“抛入”海底呢？根据柏拉图的描述，亚特兰蒂斯帝国经历了十代君主的统治，但是随着人们日益享乐，不断堕落，开始不满于平静的生活，他们对世界起了贪念，开始入侵他国。就在战争的最后一日，亚特兰蒂斯的土地上的所有火山爆发了，地震和海啸将这块陆地带入了终日无光的深海……

可是，再可怕的洪水和地震，有可能将一块大陆一夜之间沉入海底吗？亚特兰蒂斯，让人们在怀疑的时候相信它的存在，在相信的时候又不得不去怀疑，这样一个神秘的国度究竟是否真的存在过，又是否真的沉没于海底，我们今天也只能无休止的争论了。不过争议总有一天会停止，那就是我们找到它存在或不存在的根本性证据，在那天到来之前，我们也只能猜测了。

传说中的黄金宝藏

在大航海时代，侵略者们就像是饥渴的豺狼，哪里有财富的香味，他们就奔到哪里去。那时的西班牙，也是“豺狼组织”当中的一员，当他们听说在南美洲有一个黄金遍地的富庶国度之后，就开始对那里发动侵略战争，最终，让那个拥有灿烂文明的帝国消失了。

那个黄金遍地的富庶古国，就是我们接下来要讲的印加帝国。

印加帝国，建成于公元13世纪，之后逐渐走向繁盛，在印加帝国鼎盛时期，南北疆域长达5000千米，北起如今的哥伦比亚，南至智利中部，东起太平洋沿岸，西达亚马逊丛林。这样一个繁盛的大国，却只维持了300多年的时间，因为在16世纪的时候，它被西班牙来的殖民者摧毁了。

不过，短暂的帝国历史也足以让它在世界上发光了，因为印加帝国可以说是南美文明的起源，也是美洲本土上最大的一个帝国。关于它的传说更是不胜枚举。据说，印加人是太阳的后人。他们的祖先是太阳的8个儿女，都居住在一个叫作塔普·托科的山洞里，四个兄弟通过不断征战，最后统治了整个安第斯山地区。公园1243年，八个孩子中的长子曼科·卡帕克建立起印加帝国。

印加帝国的子民认为他们的君主是太阳神的儿子，是神明的化身，而“印加”，就是他们对君主的统称。印加人民崇拜自己的君主不是没有理由的，因为印加帝国的几代君主都将帝国统治得井井有条，所以它才得以日益繁盛起来。印加帝国的几代君王不断地对周边部落进行讨伐，扩张帝国领土。凭借着装备精良的军队，他们将帝国的势力从库斯科一直扩张，在其最鼎盛时期，印加帝国已经坐拥南美大部分土地，前无古人，后无来者地成为当时美洲的第一大帝国，人口达到了600万之多。而此时的印加帝国也成为一个人口多元化的国家，除了秘鲁人和厄瓜多尔人之外，还有阿根廷人、智利人和玻利维亚人。

印加帝国有完善的农业体系，也有当时比较先进的政治制度，帝王们制定了法律，但这些法律在当时而言并不算严刑峻法，所以印加帝国得以在一段时间内繁荣昌盛，人民安居乐业。

在一个良好的环境当中，印加人创造出了璀璨的文明。虽然他们没有发明自己的文字，但是那个时候的印加人却懂得使用“结绳”来记录一些事情或者数据。所谓的“结绳”记事法，就是用一些颜色不同、大小不同的棉线或是毛线隔不同的距离来进行记录。通常是用一根直径在0.7厘米之内的主绳穿上成百上千根更细一些的副绳，然后在副绳上有规律地打上绳结。有的副绳上还会系上第二层或是第三层副绳，这样一来整个绳结就成了眼花缭乱的一片，想要研究他们的记事规律也变得困难起来。

印加人将自己的绳结称为奇普，和我们书写在纸张上的记事或是篆刻在泥板上的书写方式都不同，买这种三维立体的书写体系可以说是人类历史上非常独特的一种文明符号。关于印加的很多历史，科学家们都是通过对奇普进行研究才知道的呢！

除了在记事方面他们有自己的方式之外，在建筑艺术方面他们也铸造出了具有印加特色的辉煌。当时印加帝国的建筑不仅仅是满足人们生活需要的房子，在艺术方面同样有很高的价值。人们建造了巧夺天工的豪华宫殿，还有金碧辉煌的神庙。

其中，坐落在当时首都库斯科的太阳神庙最为壮观。或许在很多古建筑当中我们都会用金碧辉煌来形容，但印加帝国的这座神庙是真的用黄金装饰的！库斯科的太阳神庙墙壁用黄金镶嵌，用黄金铸造代表太阳的金色圆球，边上是上百条像阳光一样发散的金线。当然，如今那里只剩下遗址，上面的黄金早就不见了。

事实上，用黄金作为装饰的并不仅仅是这座神庙。根据印加人的传说，那个时候黄金装饰运用在建筑物上的情况非常普遍，只要是宫殿建筑，上面都点缀着金光闪闪的黄金。而且大部分印加人都拥有黄金饰品，也喜欢收藏黄金。于是，千百年来，人们一直相信印加有很多黄金的传说，它也被称作了“黄金国度”。不过，黄金的光芒太过耀眼也并非什么好事，因为它吸引了西方殖民者的占有欲。而这个黄金国度，就是被西方殖民者所灭的。

至于过程是怎样的，并没有文字记载，只有世世代代传下来的说法。据说当时最鼎盛时期印加帝国是在多拿卡巴克的统治之下，他去世之后，因为有瓦斯卡尔和阿塔瓦尔帕两个儿子，于是为了争夺王位，1532年印加爆发内战。在多拿卡巴克去世的时候印加帝国就已经分裂成两个国家了，但是他的两个儿子谁都想成为他们父亲那样的君王，所以互相觊觎对方的领地，此时印加帝国因为分裂而动荡不安，国力衰退。

瓦斯卡拥有印加90%的领地，连首都库斯科都在其领地当中，他要求阿塔瓦尔帕向他发誓效忠，但是阿塔瓦尔帕并没有这样做，最终，阿塔瓦尔帕打败了瓦斯卡，重新统一了印加帝国。但此时的印加帝国因为内战而损失了数十万人，很多城市被毁，此时的印加帝国已经没有了往日的繁荣，而西班牙殖民者弗朗西斯科·皮萨罗就是在这个时候乘虚而入的。

当然，实际上他们的到来远比内战结束要早，在多拿卡巴克统治时期他们就已经掀起掠夺黄金的热潮了。而且还有传说多拿卡巴克就是因为感染了侵略者带来的天花而去世的，不过是否真的如此就无证可考了。我们可以肯定的只有一点，就是西班牙侵略者颠覆了这个繁盛一时的黄金帝国。

弗朗西斯科刚刚带领部队来到印加帝国的时候，印加人将他们看作天神，因为他们骑着印加没有的高头大马，外观也和他们不同。在印第安的传说中，印第安世界会被一个神奇的外来种族消灭，显然，印加人将他们当作了那个消灭他们的神秘种族，因此服从于他们。在内战结束之后，弗朗西斯科设了一个圈套，仅用180人的军队就打败了阿塔瓦尔帕的几千名随从，并俘虏了阿塔瓦尔帕，他们要求印加人要用40万公斤黄金来换他们的帝王，但最终显然弗朗西斯科的要求没有得到满足，于是他们杀掉了阿塔瓦尔帕。

人们认为这或许就是印加帝国消失的导火索，但一个帝国怎么会因为帝王的去世就彻底覆灭了呢？他们那些黄金宝藏又去了哪里？于是人们对这个结果纷纷进行猜测。有人认为是一场瘟疫毁掉了印加帝国；也有人认为瓦斯卡并没有死，而是带着很多印加人躲入了安第斯山脉中——确实有人在安第斯山脉当中发现过印加帝国时期的遗迹……但是到现在为止并没有一个确切的答案。

至于曾经让西方殖民者为之疯狂的黄金宝藏又去了哪里，这也许只有未来偶然发现这些的人才能继续探究了。

“自大”的古国

当你遇到一个肤浅又自负、狂妄自大的人你会想到哪个形容词？也许你会想到“夜郎自大”。事实上，这个成语和一个神秘的古国有关系。根据《史记》记载，在公元前122年，汉武帝开拓了边疆，为了找到去往如今印度的通道，便派遣使者前往，路过滇国，也就是如今的云南地区的时候，滇国的国君便问使臣：“汉朝与我国哪个更大？”同样的问题在路过夜郎国的时候，夜郎国的国君也这样问道。

我们都知道，汉朝在当时地域辽阔，固然周边也有一些比较强的国家，但是与汉朝相比孰强孰弱是显而易见的。于是后人们便以“夜郎自大”来形容那些狂妄无知的人。事实上，当时夜郎国的国君或许只是因为好奇所以才有此一问，毕竟在那个交通非常不发达的时代，想要了解其他的国家并不是一件容易的事情，夜郎国君发问，也许只是出于对周边国家想要更多了解的本意。所以，也许整件事都被我们后人曲解了。

事实上，夜郎国或许和汉朝比有些“不自量力”，但在那个时代，夜郎国也确实是一个国富兵强的大国。司马迁就曾在《史记》中记录过这样的话：“西南夷君长以什数，夜郎最大。”可见，那个时候即便难以和汉朝一较高下，在西南夷地区夜郎国也是数一数二的强国。

只是现在这个国家早已变为历史的尘埃了，关于这个国家的记载也是少之又少，虽然《史记》当中有这个国家的身影，让我们肯定它是存在的，但是这个国家是如何兴起的，并没有翔实的记录。

在《后汉书》和《金氏家谱》当中虽然有相关记载，但现在看来更像是传说，不像是真实的故事。书中说，很久很久以前，有一位漂亮的女子在溪边浣纱洗衣，恰逢这时，有一根粗壮的竹子顺着水流漂到了她的面前，女子听见竹子中有婴儿的哭声，便将竹子带回了家，用竹刀砍开之后，果然发现了一个男婴。之后，这名女子便将男婴抚养成人，男婴长大之后在华夏西南地区建立了自己的政权，他统一了周边的部族，成立了夜郎族，后来汉武帝封疆，他便成了夜郎国的国王……

显然，这个资料故事性居多，而我们也仅能够从这个传说中寻找它的起源了。实际上，与夜郎有关的史料记载非常少，最早提及这个古国的是《华阳国志》，但其中并没有详细地介绍这个古国，只有《史记》当中的历史典故才让人们对这个国家有所了解。

通过《史记》我们知道夜郎国是西汉后期建立起来的政权，大概维持了300多年的统治，历史也算悠久，被称作“南夷”，是汉代“西南夷”中比较庞大的一个部族。夜郎国曾在秦汉时期为国，到了唐宋时期则成了夜郎县。夜郎国是一个农业社会，和周边各城邦一直有经济联系。

除此之外，我们了解的就不多了。不过通过传说我们可以知道夜郎族人崇拜竹子，这也是“夜郎文化”的独特之处。虽然这个古国非常神秘，但是在当地还是可以找到一些夜郎古国留下的痕迹的。

比如如今在贵州的长顺县广顺镇，就有夜合山、郎山和金竹大坡等地，在这三地之间有一些夜郎国时期的遗址，虽然只有一些断壁残垣，但是从中可以看出当时的一些风貌，而且在这周围也有很多夜郎古墓，以及一些历史文物。

不过，人们并没能找到夜郎王印，所以即便有史料对其进行描述，仍有人怀疑它的存在。古时候，很多封国都有御赐王印的，而《史记》当中也确实记载了夜郎国君有一枚王印，是在公元前135年由汉武帝赐予的，在同一时期，汉武帝也给了滇王一枚王印。在20世纪中期，滇王的王印被发现了，于是人们相信夜郎王印也是存在的，只是这枚王印流落何处，成了很多考古学家解不开的疑团。在曾经夜郎国的地域内，有一位苗族老人拥有一枚夜郎王印，只是这枚印章并非是汉武帝赐予的金印，而是一枚青铜印玺，这位老人也证实这枚印章是夜郎王自制的，所以至今寻找王印的考古活动仍未结束。

好在我们已经找到了夜郎国的遗址，夜郎国的古城遗址有两平方千米，也是目前发现的最大的一个夜郎国的遗址，可以肯定的是这里是夜郎王族居住的地方。不过这并不能肯定这是古夜郎唯一的都城，也可能还有我们没有发现的遗址存在。

在夜郎古国的遗址当中，除了一些印章之外，还有一个可怕的万人坑，加上出土的大量兵器，考古学家们推断出夜郎古国曾在一段时间内大力扩张，凭借着军事力量四处征战。而史料当中也确实记载了一些关于这方面的事情，比如在不同的时期夜郎国下属的成员国数量也有不同，在其鼎盛时期，下属的国家有39个之多！

不过历代夜郎王也并非都是穷兵黩武之徒，在金竹夜郎统治时期，军事和经济是均衡发展的，只是金竹夜郎最后一个国君统治的时候犯了一个致命性的错误，就是他想要联合周围的几十个小国一起反抗汉朝的统治，最终被汉朝派兵讨伐，末代夜郎王被斩杀，自此，这个曾经繁盛一时的古国就这样消失了。

夜郎国消失之后，夜郎王族的后人去了哪里呢？在贵州西南部镇宁县的蒙正村，人们找到了答案。“蒙正”这个词语在当地代表着“遗留”，而这些村民每年都要对着山上的石洞进行祭祀，相传他们就是夜郎后人，在汉朝灭掉夜郎国之后，夜郎族的一部分人逃到了蒙正村，在山洞中隐藏才得以活命，之后，他们便在此地繁衍生息，成为现在蒙正村的村民。

青铜时代的王朝

商朝是我国灿烂的青铜文化时期不得不说的朝代，但是你也许不知道，在公元前十几世纪，就有一个神秘的王朝拥有和商王朝可以媲美的青铜文化。它就是西南重镇——巴人王朝。也许你翻阅历史书的时候并没有看到过这个王朝的名字，因为我国历史朝代是从夏朝开始有文字记载的，接下来便是商朝和周朝了，那么巴人王朝是不是仅是一个传说呢？

当然不是，巴人王朝或许并非是我国的主流朝代，但是就像神秘的夜郎国一样，即便没有在史书中占有太多的笔墨，但它却是实实在在存在于我国的历史当中的。只是巴人王朝比夜郎国更加神秘，以至于我们甚至连它的名字都没有听说过。

关于巴人王朝有太多的疑团需要解开，比如巴人的祖先和黄帝是否同出一支，还是说他们独立创造出了长江文明的源头；巴人王朝时是怎样的一个状态，最终又如何消失，这些我们都不得而知。正因如此神秘，人们才纷纷对其进行猜测。

大多数人都认为巴人是从湖北的武落钟离山起源的，他们曾经和那里以“盐水神女”为代表的母系民族开战，并且获得了胜利，而他们与对方开战的理由是为了夺取盐业资源。当他们获得胜利之后，盐业就成为巴人的代表。他们的领导着带领他们找到了先进武汉的清江边上，建立了城池，自封为国，巴人王朝建立起来的。

因为是青铜器时代，因此人们认为巴人王朝应该是一个奴隶制国家，他们的祖先是廪君，他们崇拜祖先，以凶猛的老虎为图腾。至于这一点人们是如何得知的，这是因为巴国曾派军队参加武王伐纣的联盟军。巴国军队的士兵们都带着兽类的面具，而且是先锋部队，因此人们才能推测出这一切。

在《华阳国志》当中描述的“巴子”或“巴子国”就是我们如今所说的巴人王朝。这个王朝在武王伐纣之后成为一个封国。从史料的只字片语当中，我们可以知道巴人的文明与当时中原地区的文明是不一样的，他们具有独特的少数民族特色，骁勇善战。但是这个王朝后来为什么突然消失了呢？这也是它遗留下来的一个疑团。根据《华阳国志》当中所述，后来它被秦国所灭，至于事实究竟怎样，我们稍后再详细说明。

现在我们探讨的，是巴人王朝的起源，虽然有人认为是长江文明的源头，但是并没有确凿的证据来证明这一点。我们能够肯定的是巴人建立自己的王朝是一个非常漫长的过程。和很多文明一样，最初在这片土地上生活着很多原始的氏族部落，后来随着有的地方强大，有的地方弱小，于是兼并开始了，当剩下几个核心部落之后，大家相互之间和平共处，但是随着部落的不断壮大，历史发展就要求一个人出来领导这些团体，由此巴人王朝建立了起来，而且逐渐发展强盛。

我们已经发现了很多巴人时期的文物，有些文物上刻着一些符号，还有一些奇怪的印痕。对此，专家们认为这很可能是巴蜀地区的一种图画语言。只是现在这些印记仍旧没能得到破译，我们也就不清楚上面究竟记载着什么。如果有一天这些印记能够被破解，说不定巴人王朝和我国其他有史可考的历朝历代一样，也会被写入中华5000年的历史当中。

而且，当我们破译那些文字之后，说不定就能知道巴人为何突然消失了。没错，巴人王朝是被秦国所灭的，但是就算秦国灭掉了巴人王朝的政权，也不可能将十几万巴人全部消灭。虽然很多人猜测残暴的秦军完全可能做出这种事来，但是仍旧缺乏依据。就连秦军曾经坑杀赵军40万人也是猜测出来的，所以我们还不能肯定巴人是否真的全部灭绝了。

于是有人推测，巴人会不会和很多失落的古国人民一样，迁徙到其他地方去了呢？不是没有这种可能的，考古学家曾在陕西商洛地区的很多洞窟当中找到了巴人的痕迹。在那些神秘的洞窟当中，有明显人工开凿的痕迹，而且洞窟相当隐秘，只有穿过湍急的河流才能到达。考古学家们就掌握的巴人习性而言，这里很可能曾经居住着巴人。更重要的是在洞窟周围还出土了很多巴人文物，上面也有巴人独特的语言符号。所以人们不得不猜测，巴人也许真的找到了他们的“桃花源”，远离世俗和战争，安居乐业，所以人们才不知道他们去了哪里。

不过仍旧有人坚信巴人并没有消失，他们也没有离开，在巴人王朝灭亡之后，他们仍旧生活在原来的那片土地上，成了土家族的祖先。这种猜测也并非不无道理，因为土家族的很多生活习俗确实和巴人非常相似。至于他们为什么改了自己的族名，人们认为也许是因为国家衰亡，所以他们才选择换一种称呼的。但和前两种说法一样，虽然有部分人相信，但并不一定是最终的结果。

巴人王朝就是这样一个神秘的国度，我们从史书上也只能了解到这个国家非常善战——与其相关的史料记载都是战争方面的。除了这些之外，我们一无所知，但是我们盼望着，未来的某一天有人能够解开这个疑团，将我国的历史扩充得更加丰富，到了那个时候，我们或许就能更加了解这个神秘隐世的勇士之国了！

寻找神话中的国度

我们都知道，世界上很多国家的起源当中都含有神话的成分。在很久以前，人们还没想到要对真实的情况进行记载的时候，往往喜欢把自己的国家和统领者神化，这是一种原始的崇拜，因此在考证很多国家起源的时候，往往少不了神话的成分。

每个拥有悠久历史文化的国家都有自己的神话，我国也不例外，因此我们知道了很多故事，比如女娲造人、大禹治水等等，因为那个时代科技并不发达，人们也不知道自己是怎样来的，所以便通过各种神话编造出了一个合理的解释。但很多事情现实是和神话有联系的。比如大禹治水，虽然我们并不确定他是否真的做了这件事，但历史当中确有其人，他也确实是我国有文字记载的第一个国家的君主。

正因如此，所以人们开始对神话中那些不确定的事情进行探索。说到我国的神化，就不得不提《山海经》了，这本著作可以用光怪陆离来形容，里面有各种各样的神兽怪物，也有很多历史传说，真真假假混合在一起，让人们难以从中找到确定的根据。其中记载的扶桑国更是吸引了无数学者前去探寻。

扶桑国是个怎样的国度呢？根据《山海经》的记载，这个国家位于太阳升起的汤谷，这个国度生长着一种名为扶桑的神木。之所以称之为神木，是因为太阳神羲和他的十个儿子都生活在扶桑树上。每天他的儿子们都会轮流“值班”，将阳光洒向大地。因此，扶桑国可以说是太阳升起的国度。

当然，我们都知道这是神话，太阳是一个大火球，并不是什么神，也没有十个太阳轮流“值班”，但扶桑国是否也是神话，我们就要持有保留意见了。因为在很多史书当中确实记载了太阳升起的国度，也就是扶桑国，那么这个神话是否和大禹治水一样，是虚实结合的呢？

为了找到答案，学者们进行了很多探索。那么现如今我们对这个国家掌握信息的有多少呢？有些可惜的是我们连这个国家的确切位置都没有找到。有些人认为扶桑国既然记载在《山海经》当中，那么它就一定在我国境内；不过也有人认为“日出之国”和日本的起源传说非常相似，连地理位置也巧妙的吻合了，因此扶桑国应该就是日本。如果你在《辞海》当中寻找扶桑国的信息，那么你也会发现，《辞海》当中也将扶桑国称作日本曾经的名字。

根据很多历史故事，我们可以确定古时候的中国和日本之间是有联络往来的，而且从很早很早以前就开始了。历史当中曾说徐福东渡为秦始皇寻找长生不老药，他去的地方就是日本，因此这种说法并不是一点没有根据。

但是也有人不这么想，有些学者认为在《梁书·扶桑国传》的记载中位置是不对的，《梁书》中说扶桑国距离大汉东面的距离和日本不符，而且其中提到的一些制度很像玛雅人的制度，因此有一部分学者认为扶桑国应该是美洲的墨西哥。加上书中记载的扶桑木没有在日本找到相似的植物，而墨西哥的龙舌兰更像是书中所述的扶桑木，而且墨西哥境内也曾出土过一些我国古代的钱币、雕刻和石碑等物，因此也有人相信墨西哥就是传说中太阳升起的扶桑国。

除了这两种看法之外，也有一部分人认为扶桑国就在我国的山东地区，因为古时候描述的距离可能只是一个虚数，并不精确，只是为了形容路途遥远，所以应该含有夸大的意味。不过也有人相信扶桑国本身就是一个神话，是不存在于现实当中的国度。

至于谁的说法是正确的，现在仍未定论，毕竟我们掌握的资料实在是太少了，只能靠猜测，它就像是亚特兰蒂斯一样，真与假还有待我们进一步去探索、发现。在我们没有确凿可靠的证据之前，它也许只能成为美丽神话中的一个神秘国度了。

世界屋脊上的政权

你去没去过西藏？在很多人眼中，西藏是一个神秘的地方，它地处高原，海拔之高让它有了“最接近天空的地方”这样的称呼，更被人们称作“世界屋脊”。然而我们对这片神秘又肃穆的土地了解的并不算多，因为我国的历史政权更多偏重于中原地区，在历朝历代中，边疆地区掌控政权为我们所知的仅有蒙古人开创的元朝。

实际上，西藏这片土地上一直流传着很多历史传奇，古时候我们所说的“吐蕃王朝”就是西藏高原上的一个政权，不过我们今天要说的不是它，而是在吐蕃王朝之后繁盛一时的古格王朝。

在公元864年的时候，吐蕃走向了没落，此时吐蕃的最后一任君主被刺杀，导致了这个王朝开始分裂。吐蕃的最后一任君主有两个儿子，他死后，两个儿子开始争权，使得后来的吐蕃分裂越来越严重，最终分裂出的象雄独占鳌头，统一了政权，成立了古格王朝。

古格王朝就如同如今的西藏一样，有着浓厚的宗教氛围。在古格王朝建立之后不久，国王就派出了几十名青年到克什米尔去学习佛教，当佛教传入，便在古格王朝开枝散叶了。在几个世纪里，佛教都在古格文化当中占有重要地位。从遗址当中发现的大批佛教建筑就可以说明这一点！

古格王朝的遗址是由一个名叫麦克霍斯的英国人在1912年发现的。他的到来打破了这里长久的宁静，在他之后，各国人接踵而至，也掀开了这个神秘国度的面纱。一开始，人们挖掘出了古格王朝的都城札布让，这个都城占地约20万平方公里，在这个城市当中，有宫殿和寺院，还有城墙和碉堡之类的军事设施。随着都城被挖掘出来，人们渐渐发现了周边的很多古格王朝时期的城市遗址，而在这些遗址之外，还有大量古格王朝时期建成，现已被毁的洞穴、佛塔散落在苍凉大漠当中。经过人们对这里的测定，最终公布了一个惊人的数据——古格王国的遗址占地72万平方公里！在遗址当中，有400多间房屋遗迹，窑洞有将近900孔，碉堡近60座，各种佛塔20多座，另外还有供佛的窑洞、囤积粮食的粮仓和暗道等等很多设施建筑。

在诸多建筑当中，我们能够发现在山顶建造的王宫，而很多寺院和僧侣的住所在山腰，大部分百姓的住宅区则聚集在山底。由此我们可以推测出在古格王朝时代，佛教占有非常重要的地位，是人们极为推崇尊重的。

因此，在古格王朝的遗址当中我们可以发现很多精美的佛教建筑。比如坛城殿、红庙、白庙、威德殿、度母殿以及众多佛塔等等。

其中红庙和白庙是不得不提的，红庙因墙上的红色涂料而得名，是一种平面呈方形的单层平顶藏式大殿。这个坐西朝东的建筑庄严宏伟，大门上还刻着6个梵文大字。而白庙则是坐北朝南，墙上的涂料是白色的。这两个庙宇交相辉映，形成了庄严肃穆的氛围。当然，这两座建筑当中也有保存下来的重要文物，那就是墙上的壁画。通过这些壁画我们不得不承认，古格王朝时期在绘画水平上具有非常高超的技艺。

事实上，在古格王朝遗址当中，保存数量最多、保存最完整的文物就是古格壁画了，而红庙和白庙更算得上是古格壁画“展览馆”，大部分壁画都保存在这两座建筑当中。或许是因为历史中曾有人去克什米尔地区学习，所以古格壁画当中混合了克什米尔风格，形成了古格壁画的独特韵味。

除了壁画之外，当时的佛教雕像也是非常出名的。当时佛教兴盛，加上国家的强大，使得他们建造了很多金银质地的佛像。其中“古格银眼”是非常具有代表性的工艺，就是用白银镶嵌成佛像的眼睛，这种工艺使得佛像看起来活灵活现，可是这些存世的太少，以至于人们很难一饱眼福。

之所以这些没能很好地保存下来，是因为古格王朝灭亡了，而且是短时间内由盛转衰，王城更是化为废墟!

这还要从17世纪说起。随着佛教在此地的地位越来越重要，当时的国王开始忌惮古格藏传佛教的领袖，而这个领袖正是他的亲弟弟。两个人之间的矛盾越来越深，加上这个时候西方传教士到来，于是古格国王打算通过天主教弱化弟弟的势力。当然，古格国王的弟弟不愿意看到这样的结果，就这样，内乱爆发了。

本来是两兄弟之间的问题，但他们都为了各自的利益失去了理智，古格国王的弟弟甚至想要利用一直觊觎他们的邻国——拉达克的力量。于是，拉达克便乘虚而入。不过他们攻城并不顺利，因为古格王宫建于山顶，易守难攻，因此周旋了很久拉达克都没能攻下。传说是因为古格国王不愿意自己的子民长时间饱受战火煎熬，于是答应投降，但条件是拉达克人不得伤害平民。也有一种说法是古格国王不愿意子民受苦，又不愿意屈服，于是跳崖自尽……

不管是哪一种说法，最终札布让被攻破，古格王朝毁灭了。虽然没有史料记载，但很多人认为拉达克人在破城之后进行了残酷的屠城行为，将所有古格百姓屠杀殆尽，因此古格王朝才消失的。之所以有这种说法，是因为在古格都城遗址北面600多米远的一处断崖上，发现了一个可怕的藏尸洞，当地人称其为“万人坑”。这个洞穴距离地面3米高，洞口不大，但有明显的人工开凿痕迹。洞窟内有三个房间，都不大，在几个房间当中，层层叠叠的都是百姓的干尸！

因为这个洞窟没有记载，所以人们觉得最有可能的一种情况就是拉达克人进行了屠城。但是否真的没有幸存者，古格王朝的人民真的因为屠城而在短时间内消失，还需要更多的证据。

现在，人们所能做的也只有在苍凉的荒漠当中想象几个世纪以前这里的繁华和庄严了。

世界第八大奇迹

如今的叙利亚北部，是一片寸草不生的荒漠。或许没有人能够想到，在几千年前，这里曾有一个繁盛的国家。这个古国被人们称作“世界第八大奇迹”，它位于特尔·马尔蒂克的荒丘之下，名为埃勃拉。

这个古国在荒漠中沉睡了几千年，直到1964年意大利考古队来到这里，才发现了这个几千年前的人类遗迹。一开始，考古队并不知道这里就是历史中记载的埃勃拉，他们在长达4年的探索之后，挖掘出了一座埃勃拉王子的雕像，这才初步断定了这里是埃勃拉地区的遗址。随着进一步挖掘，这里又出现了王宫、神庙、城墙和档案馆等建筑遗址。

根据对埃勃拉文化的调查，人们发现，这片土地在公元前4000年的时候便有人居住了，在漫长的历史当中，属于他们的独特文明也建立了起来。他们在这里创造了政权，建立了制度，还建造了许许多多的建筑。在这个古国兴盛的时候，和周边的埃及、腓尼基等地都有联系。当地的农业非常发达，那时的埃勃拉人主要靠种植大麦和小麦为主。在考古队发现的史料记载当中，人们发现当时的手工业和商业都非常发达，而且商业还分有官商和私商两种。这个君主制的国家虽然是世袭制，但是设有可以制约国王的长老议会。

这些都是从出土的文物当中发现的，其中档案馆当中还保存着近万件楔形文字的泥板文书，这些文书记载了当时的政治、经济、外交等很多方面的内容，其中甚至还有词典和神话。正是这些资料的出现，让我们得以还原埃勃拉时期的文明风貌。

这些泥板文书记录的内容非常相近，包括当时的税款、账目等都有记载。根据泥板文书上的数据，我们知道在埃勃拉城当中有3万常住居民，鼎盛时期整个王国人口在20万—30万之间，使得它成为当时西亚地区非常强大的国家。

但是泥板文书并没有记载这样一个实力雄厚的强国为什么在公元前2000年之后突然衰落了，所以这些只能通过我们使用现代的手段进行调查。不过因为缺少史料，我们也只能对其进行推测了。

根据专家的推测，埃勃拉的衰亡很可能是内忧外患共同的作用。内忧是阶级矛盾造成的，根据史料记载，埃勃拉是一个奴隶制的国家，大部分土地都掌握在国王、僧侣和贵族手中，这使得贫农不得不成为佃农、雇农或是债务奴隶。于是专家指出，长时间的压迫最终导致了阶级矛盾的激化，最终使整个国家摇摇欲坠了。

至于外患，和外族入侵有很大的关系。历史学家指出，大概在公元前2000年的时候，阿摩利人曾入侵埃勃拉，并在埃勃拉城中纵火。而埃勃拉正是这个时期开始衰亡的，因此人们认为阿摩利人的入侵是埃勃拉走向衰亡的一个转折点。大概在公元前15世纪中叶，赫梯人彻底毁掉了埃勃拉王国。

至于埃勃拉毁灭之后居民去了哪里，我们就不得而知了，他们有可能全部葬身战火，也有可能迁徙到别处，这些都有待进一步考证。

第三章　历史中的城池

在世界各地，都散落着很多被人们遗忘的城市，现在这些地区荒草丛生，渺无人烟，但是在很久很久以前，这里也曾繁盛一时，甚至创造了我们今天都难以匹敌的奇迹！

摩亨佐·达罗

根据前面对哈拉帕文明的了解，我们知道哈拉帕文明之所以被公布于世，主要在于人们发现了其文明中心摩亨佐·达罗城的遗址，才使得遗失的哈拉帕文明重返人间。

摩亨佐·达罗位于巴基斯坦信德省拉尔卡纳县南部20公里处，最初，是在1922年的时候，一些勘察队员在这里发现了一座半圆形的佛塔废墟，只是那个时候人们并不知道它是什么时候修建的，因为那个时候哈拉帕文明还没有重现于世。后来，几十年的时间里考古人员持续在这里进行挖掘，终于挖掘出了摩亨佐·达罗的遗址。这个城市连同一旁的哈拉帕组成了哈拉帕文明的重要遗址。

摩亨佐·达罗大概建于公元前3000年，是青铜时期这一代著名的城市。这个城市的主人是达罗毗荼人，他们创造了独有的文字，发明了精密的度量衡，而且他们还是最早种植棉花并用棉花织布的民族之一。多亏了他们的聪明与才智，才使得摩亨佐·达罗成为那个时期高度发达的城市。

和其他很多古城一样，摩亨佐·达罗在繁盛之前只是很多小村庄，随着一个个村庄的扩大，村与村之间联合到了一起，逐渐形成了城市。

这个古城的遗址大概有100平方公里，可以分成西城和东城两个地区，西城区是城堡区，在这个地区有很多城堡建筑，它们都建立在10米左右高的地基上，在城堡当中还有谷仓和浴池。谷仓的规模在今天来看仍旧非常庞大，通过谷仓规模，我们也能想象出这里曾经的繁华与富足。

城市的东部是街区，在这里有四通八达的街道，道路大多宽10米左右，街道边是井井有条的住宅。让我们震惊的是这些住宅建筑均为砖块垒造的，这在那个时期实在是让人难以想象。因为在很多古文明当中，砖石建筑通常只用在神殿或王宫建筑中，并不普及。但是在摩亨佐·达罗，几乎所有的建筑都是砖石建筑，这似乎也在昭示着它曾经的富裕繁华。

不过这还不是最令人叹为观止的，摩亨佐·达罗的排水系统是最让考古学家大跌眼镜的，因为它庞大而完整的排水系统就连如今世界上现代化最强的城市也难以匹敌。在这个城市有很多双层建筑，在二楼有冲洗式厕所，二楼的污水可以通过墙壁中的土管排放到下水道当中，甚至很多楼层还有专门传送垃圾的垃圾管道。城市的地下管道更是纵横交错，使得污水可以顺利排出。

而且在摩亨佐·达罗不同的住宅区还有岗哨设计，以及公共浴池。从这些方面来看，摩亨佐·达罗是一个公共设施非常完善的城市。这个城市的公共浴室是一个长40米，宽20米的浴池，在浴池的两端有阶梯，还有一人高的排水沟来排出废水。在浴池的一个房间中还有一个供水的水井。里面还有很多单独的小浴室。这样完善的设计即便是今天看来也是非常先进的。

这个城市不得不让人惊叹，因为人们很难从中找到属于宫殿般豪华建筑，所有的建筑都是砖石建筑，看起来住房的水准似乎都差不多，没有像埃及或者印加那样明显的贫富差距。再加上在现代看来也非常完善的城市规划，不得不让人们对这个城市充满好奇。更加让人想不通的是，这个城市虽然发达，但是并没有从中找到防御系统和攻击用的武器，就连精美的艺术品也是少之又少，不得不让人怀疑，这个城市的统治者究竟是什么人!

想要知道这个城市的统治者，无疑要找到宫殿，可是就像前面所说的，这个城市的住房建筑都差不多，找不到王宫和神殿。而且摩亨佐·达罗和哈拉帕两个城市建设得差不多，很难分清孰轻孰重，所以也不能肯定这两个城市哪一个是首都。没有宫殿，那么是不是意味着这个城市废除了君主制？可是即便是今天，一个城市也会有市长或是县长、省长进行管理，总要有一个统治者才行，否则这么广阔的一片土地谁来管理？那么多公共设施又是谁下令建造的呢？

在没有找到证据之前，考古学家们只能继续探索。可是结果有些让人失望，因为并没有发现祭司或者是国王统治的痕迹。不得已之下，考古学家只能重新研究最先在这块地方出土的印章。但是即便推测这个印章是权力的代表，但也没有充足的证据能够证明。

在这个城市当中虽然没有很多艺术品，但是却出土了不少人形陶俑，从中人们发现了一尊与众不同的陶俑。据推测，这个陶俑类似于教王，原型应该是一个首领。至于这个人是不是摩亨佐·达罗的统治者，还需要进一步考证。这些陶俑似乎展现了祭祀仪式。除了陶俑之外，这个城市出土的还有青铜器皿、石章和陶器了。总的来说，这个城市出土的大部分都是生活用品，仅仅用于艺术鉴赏的文物并不多。

不管艺术品多少，我们都会为这个城市高度发达的文明感叹。因为在摩亨佐·达罗繁盛时期，世界上大部分人类还蜗居在山洞之中，即便有一些城市文明，人们也智慧用树枝和泥土搭建简单的棚屋，更不要说建立完成的排水系统了!

因此，摩亨佐·达罗这个城市更像是一个谜题。当时如此繁盛的一个城市，是怎样覆灭的呢？通过对古城的挖掘，人们发现很多尸骨的姿势看起来都不像是经历恐惧的样子，有的尸骨是在街道上发现的，有些是在家中，看上去像是在突然而至的灾难中死去的，也就是说，突然降临的灾难，让这个拥有四五万居民的城市顷刻间变成了废墟。

至于是什么灾难造成的，现在还没有定论，有的人认为是洪水毁灭了这个城市，但是有人认为洪水会将尸体冲到其他地方，而不是留在城市当中，而且古城遗迹并没有遭受大洪水的痕迹。于是有人提出传染病毁灭了这个城市，但是再严重的传染病也不可能在顷刻之间就毁掉整个城市；同样的，外族入侵的说法也不靠谱。

最终，人们对留下的尸骨进行研究，发现这些尸骨似乎经受过高温的燃烧，但是摩亨佐·达罗附近并没有火山，这个城市也没有遭受火灾的痕迹。反复研究之后，人们在市中心的位置发现了明显爆炸留下的痕迹，而且爆炸的范围应该是非常广泛的，这样可怕的爆炸在印度是有传说的，根据民间传说，这更像是一场核爆炸，但是据我们了解，第一颗原子弹是二战时期才被发明出来的，所以在距今几千年前，怎么可能会有核爆炸呢？

想要解开摩亨佐·达罗毁灭的疑团，或许还需要很长的时间，至于核爆炸之谜，也许只有到了解开它毁灭疑团那一天，才能找到答案吧！

庞贝

古罗马是世界历史当中不得不提的繁盛大国，人们时常说古希腊和古罗马是西方文明的起源。只是如今古罗马早已经不复存在了，古罗马时期的辉煌也早已湮没在历史当中。但是，有一个被埋葬的古城，在几千年后向人们展示了古罗马曾经的繁华，它就是庞贝。

庞贝古城号称古罗马的历史博物馆，曾经是古罗马第二大繁华的城市，但是这样一个城市却在顷刻之间从地球上消失了！

在公元前8世纪的时候，地中海沿岸出现了一个叫庞贝的小渔村，后来，随着不断发展，它成了一个港口城市，因为地理位置的原因，使得这里商贾云集，很快便发展成为了仅次于罗马的第二大城市。随着城市文明的不断发展，财富的不断累积，人们在这个城市修建了美丽的神庙、斗兽场和大剧院，还有古罗马具有代表性的公共浴池，一时间，这个城市成为旅者和商贾们的天堂。加上这个城市就坐落在维苏威火山脚下，因此还有地热带来的温泉，以及适合葡萄种植的沃土。

随着城市的不断发展，很多富商和贵族都移居到了这里，建造了美不胜收的花园和别墅。没多久，庞贝就成了人间天堂。但是那个时候没有人能够想到，这个天堂有一天会瞬间变为人间炼狱！

那是公元79年的8月24日，正当所有人都按往常一样做着该做的事情的时候，这座海拔1277米的火山毫无征兆地突然爆发了！瞬间，滚烫的岩浆喷涌而出，硫化物冒出的烟雾遮天蔽日，空气中满是让人窒息的硫磺味。人们完全没有预料和防备，就被突然而至的岩浆与火山灰掩埋了！

这一切就发生在瞬间，短短的一天时间内，维苏威火山周围几百里成了一片火海，当火山灰和岩浆冷却之后，剩下的只有一片死寂，此时的庞贝已经深埋地下，不复存在了！在庞贝繁荣的几个世纪当中，人们绝对不会想到，有一天维苏威火山会“苏醒”。庞贝建立起来的时候，维苏威火山喷发后留下的熔岩就是这个城市建立起来的根基。而且火山灰是土地最好的肥料，人们利用这些种出了优质的葡萄和水果。包括火山石都是当地人争相购买的宝贝，因为它能够止血、安神……谁又能想到，赋予庞贝这些的维苏威火山会突然收回它赋予的一切繁华呢？

事实上，酿成这次悲剧的可以说是一次失误，当时的地理学家认定维苏威火山是一座死火山，因此人们才敢在火山脚下夜夜笙歌。而威苏维火山爆发这类灾难也并非是第一次，早在公元62年的时候这里就曾发生过一次可怕的地震，只是庞贝人并没有认为在这里安家有什么不妥，于是他们继续在被毁的废墟上建造更加豪华的家园，然而建成没多久，庞贝就彻底毁灭了。

庞贝的毁灭在当时肯定是震惊世界的，如果世界知道这个城市的话。但是无论什么事情，都会随着时间的流逝而淡化，庞贝也不例外，随着时间的流逝，朝代的更替，人们便忘记了这个城市，而在掩盖庞贝的火山灰上，又重新长出了茂盛的森林，又有人迁居到此，在这里种植起了葡萄。

就在18世纪中叶的一天，一个农民在耕自家的葡萄园时，挖到了一块巨石，之后他便叫来帮手，大家一起进行挖掘，没有想到的是他们竟然挖出了一柜子古币和很多因为高温而变了形的金银首饰。由此，庞贝的挖掘拉开了序幕。

不过最先到来的不是考古队，而是很多盗墓者，直到1876年意大利政府才组织科学家对庞贝进行有序地挖掘工作。经过将近一个世纪的挖掘和维护，千年前的繁华就这样展现人们眼前了！让人们难以相信的是火山灰将庞贝最大程度地保存了下来，人们甚至能够看到火山爆发前一秒的状况。有些人躺在自家的床上，有些人则高举着双手大张着嘴，有些人则是窒息的痛苦样子，有些人家的烤炉上还放着面包……

如果不知道当时发生了怎样惨烈的状况，也许这就是当时庞贝人生活的日常。这些瞬间被火山熔岩淹没的人们都成了化石，各种各样的姿态让我们无法不对自然之力产生畏惧。虽然庞贝古城大部分已经被挖掘出来了，但现在向我们开放的只有34%左右，仅仅是一小部分，就能让我们联想到它曾经的繁华。这片占地1.8万平方千米的土地上，有青白相见的石板路，看起来就像是我国唐朝的长安城一样。街边有住宅、市场、商店、澡堂、斗兽场和大剧院等等各种各样的公共设施。

在一些道路的交叉口，还有精美的浮雕，在浮雕的背后是水龙头，以便提供人们饮用或洗涤的水源。在住宅和商店的墙壁上还有很多精美的壁画，有些还是用马赛克镶嵌的，这些都向世人们展示着它曾经的辉煌。那些规模庞大的斗兽场和大剧院更是告诉世人们，那个时候，这个城市异常繁华，一场比赛或者表演都能引来几千观众。

只是现在这里的繁华只是游人的脚印，再也没有日常生活的景象了，留下的一切似乎都在告诫着人们，自然的能量有多么可怕。再精美的建筑，再辉煌的艺术，在自然的手中，也只有被历史掩埋的命运。

赫库兰尼姆

庞贝，让我们认识到了火山爆发的可怕，也让我们见识到了维苏威火山的威力。但我们不了解的是，维苏威火山爆发毁灭的不仅仅是一个庞贝，还有一个号称“死城”的赫库兰尼姆。

赫库兰尼姆也叫海格力斯，是根据希腊传说中一个英雄命名的。它和庞贝一样，都被罗马人占领了，成了罗马的属地，只是它没有庞贝那样繁荣，以至于同样在一场灾难中被埋没，知道的人却没有庞贝那么多。

在公元79年的8月24日这一天，遭受灭顶之灾的并非只有庞贝，还有距离庞贝不远的赫库兰尼姆。这个城市面积约有23万平方米，人口差不多5000人，在火山爆发之后，它便从历史中被抹去了。而且如今庞贝重见天日，它却由于掩埋较深，岩层深厚，而且在其上方已经建立了现代城市，因此很难重现天日。

人们猜测，在火山爆发的那天，这个城市一如既往，面包师在自己的面包房中烤制面包，蔬菜店的老板正在往水果和蔬菜上洒水，以保证它们看起来新鲜，造船厂的工人往返于货仓和工厂之前，搬着重物，艺术家在自己的工作室里雕刻着新的作品，也有些人躺在家中的床上，享受着阳光的温暖……

然而，到了中午时分，赫库兰尼姆的大地开始震颤，伴随着恐怖的轰鸣声，当人们意识到危险抬头望去的时候，一切都已经发生了，离他们4公里远的威苏维火山开始喷发，烟雾遮天蔽日，岩浆向着他们的家园袭来！在慌乱之下，赫库兰尼姆的居民们开始纷纷涌向海滩，或者直接乘船出航，至于他们是否有人存活下来，这就是后话了。因为仅仅十几个小时之后，赫库兰尼姆的一切都已经被掩埋在黑色岩浆之下了。一切重归平静，就连灾难后的惨烈都来不及展现。

很快，赫库兰尼姆就消失在了人们的记忆中，直到1709年的时候，工人们偶然挖掘到了赫库兰尼姆的剧场大理石舞台，这个城市才被偶然发现。不过当时占领着意大利的奥地利人对古迹并没有什么兴趣，他们只想挖掘出更多的大理石来建造别墅。古迹就这样被破坏了一部分。

好在18世纪中叶的时候意大利皇家图书馆的馆长开始组织人们以挖掘文物的态度来挖掘这个古城，赫库兰尼姆的一部分才得以重见天日。刚开始挖掘的时候只清理出了一些雕像和柱子，之后又找到了碑文和当地的剧场，这时人们才肯定这里是赫库兰尼姆的古城遗址。不过没过多久，因为庞贝被发现了，所以赫库兰尼姆的挖掘工作暂时告停，直到上世纪初，意大利政府才再次下令对这个古城进行挖掘。

不过挖掘赫库兰尼姆的难度要比挖掘庞贝的难度大得多，因为火山喷发的熔岩落到这里覆盖着很多大石块，而且掩埋得很深，使得这个古城沉于地下20米以上！而且火山爆发之后随着岁月的流逝，火山灰变成了坚硬的巨石，想要顺利挖掘变得异常困难！也正是这个原因，才使得奥地利人没有将这里破坏殆尽。而且不得不说的是，我们后来挖掘对其造成的损坏比岩浆对这个古城的损坏还要大一些。让我们想不到的是，淹没了这个城市的岩浆反而保护了这个城市，很多木料碳化却没有消失，现在挖掘出的一部分门窗仍旧可以随意开启，青铜汲水机仍旧可以使用。而人们推测出火山爆发之前的场景，也是因为对古城的考察想到的。比如小吃店的柜台上还放着核桃，面包房中的铜盘还放在烤箱里，在艺术家的工作室还有未完成的作品，有的屋子里还有人躺在床上……

一切都保留了灾难来临时的样子。不过和庞贝古城不同，赫库兰尼姆向人们展示的更类似于一个空城，大部分地方都没有居民，因此我们前面才推测出他们提前逃亡了。最初挖掘的时候，仅仅有9具人类的遗骨，所以才有了这样的推测。然而我们还来不及觉得庆幸，事情就发生了变化。在接下来的考古过程当中，越来越多的遗骸被挖掘了出来，在拱门之下有几十具尸骨挤在一起，这样惨烈的场景，让我们不敢去联想事发当时是一个怎样的景象。后来，越来越多的遗骸在不同的地区被发现，让人们不得不去相信一个残酷的事实——赫库兰尼姆和庞贝一样，都在一个平和的日子迎来了末日。

虽然赫库兰尼姆和庞贝都是毁于维苏威火山爆发，但事实上，赫库兰尼姆的毁灭比庞贝还要早7个小时，这是因为赫库兰尼姆正在维苏威火山熔岩流下的道路上，因此它很快就被火山熔岩覆盖了。

今天，我们虽然知道了赫库兰尼姆地处何处，但是想要将它彻底挖掘出来，还需要很长时间的研究讨论，就连它的实际规模还有待进一步考证。也许，当赫库兰尼姆真正完完全全展现在我们眼前的时候，我们会知道更多罗马时期曾经的繁华。

楼兰

在我国的新疆地区，有一个神秘的古城，这个古城无时无刻不在吸引着探险家们的目光。它就是号称“沙漠中的庞贝”的楼兰古城。

人们之所以对楼兰心向神往，主要因为它的神秘。别看现在楼兰古城所在的地方是一片风沙大漠，曾经这里可是“丝绸之路”的咽喉重地！而且这里不仅有悠久的历史，还有很多神秘的传说，加之它位于罗布泊附近，更让这个古城充满了神秘色彩。

在楼兰的诸多传说当中，有一个堪称东方版的“罗密欧与朱丽叶”凄美故事。传说楼兰的王子英俊潇洒，在一个炎夏，王子遇到了一个其他民族的姑娘，两个年轻的心碰撞到了一起，即便他们之间存在家庭和族群之间的仇恨，但他们相信爱可以跨越国境。然而姑娘被家族的巫师灌下了毒酒，王子赶到的时候为时已晚，为了证明自己的爱情，王子用宝剑戳穿了自己的胸膛。用鲜血和生命祭奠了最纯洁的爱情。

当然，这只是荒凉大漠之中的一个传说。真正的楼兰究竟是什么样子的？根据历史记载，楼兰大概建立于公元前176年，在630年灭亡，其间经历了800多年的历史。它的具体位置在尼雅古城、古阳关和哈密以及阿尔金山之间。在张骞出使西域之后，曾向汉武帝报告过楼兰的情况。

在我们听来，楼兰就像是一个美丽的姑娘的名字，温婉而美丽，但实际上，楼兰是一个强悍的民族，他们居住在塔克拉玛干大沙漠的东部，罗布泊的西北方，生活在这样恶劣的环境当中，自然让他们拥有了中原人所不具备的强悍与坚韧。

楼兰古城是古楼兰的都城，在当时它曾是边境的重镇，因为地处“丝绸之路”咽喉重地，因此这里一度经济非常繁荣，我国内地的茶叶、丝绸、珠宝以及西域的马匹和葡萄都是在楼兰进行交易的，因此楼兰在当时也是重要的贸易城市，物产非常丰富。

各种各样的原因促成了楼兰的繁华，在西汉时期，楼兰的人口达到了1.4万人，这个有着西域特色的小城在我国西部谱写着它的繁华与灿烂。不过东晋后，因为我国中原割据情况日益严重，混战纷起，使得楼兰逐渐失去了联系。到了唐朝的时候，楼兰才重新进入人们的视线，因为当时楼兰曾是吐蕃和唐朝的战场，那时的楼兰，也是兵家必争之地。

然而，不知什么时候，这个古国突然销声匿迹了，人们再也找不到这个“丝绸之路”上的重镇，也见不到楼兰的繁华了。之后的许多个世纪里，楼兰就像是一个“幽灵”一般，盘踞在人们心头，却无论如何也找不到它的痕迹。

直到1900年，瑞典的探险家斯文·赫定在罗布泊考察，随行人员在寻找丢失的东西时，在风沙之中偶然发现了这个沉溺已久的古城。随后，斯文·赫定带领着自己的探险队来到了这片风沙下的古城，找到了一些木雕。次年，他又专门来到这里进行挖掘，出土了很多陶器、文书和钱币、丝织品。在出土的文书当中有关于楼兰的记载，因此人们认定这就是消失已久的楼兰古城！

再后来，新疆的考古学家来到这里进行实地考察，发现了越来越多的古城记忆，比如大批古墓，还有残留的城墙等等。那些古墓有着非常壮观且奇特的造型，墓穴由七层由细渐粗的圆木围绕，整体来看就像是一个太阳的形状。至于这有什么含义，我们就不得而知了。

而楼兰古城占地约10万平方米，仅东边和西边还留有残留的城墙，这些城墙是用黄土夯筑的，残留的一些居民住宅则是木质房屋，院墙由黏土制成。而城中唯一一座黄土建筑，被人们认作是楼兰统治者的居所。

在古城之外的墓地，人们找到了一个船形的木棺，在这个木棺当中，有一个保存完好的女尸，女尸用裹尸布包裹着。这个木棺的位置非常奇特，因为在这里，有许许多多木乃伊，还有未包裹的躯体，这个“万人坑”一样的地方，竟然有一个保存完好的棺木，自然引起了人们的兴趣。

令人吃惊的是，在棺木打开的瞬间，女尸身上的裹尸布就随风化成粉末了，而女尸则保持完好，从表情上看，她似乎毫无痛苦，保持着微笑，而且看样子是一个年轻貌美的姑娘。于是人们猜测她的身份很可能是楼兰公主。

关于她的真实身份，我们还需要进一步研究，毕竟楼兰太神秘了，关于它的传说也太多。在找到楼兰遗址之后，人们便回到了最初的那个问题，这个古城究竟是怎样悄无声息的消失的？楼兰人又去了哪里？

根据历史记载，在唐玄奘前往西天求取真经的时候，楼兰已经是“国久空旷，城墙荒芜”了，因此可以推定，在那个时候楼兰就已经消失了，至于它消失的原因，有几种不同的说法。其中比较常见的一种说法是楼兰之所以消失，是因为罗布泊周期性的游移，楼兰的兴衰和罗布泊有着直接地联系。罗布泊南北游移的周期大概在1500年，当时罗布泊有很多河流，比如塔里木河、孔雀河等等，这使得那里水草颇丰，气候温润，但是当它开始移动之后，这里的水文就发生了变化，水越来越少，虽然《水经注》当中记载楼兰人曾经改河道引水入楼兰，但最终还是无法阻止断流的情况，一旦失去水源，楼兰就变成了一个寸草不生的荒漠，人们也只得放弃自己的家园，另觅他处。

而楼兰古城因为荒无人烟，便慢慢地在风沙中消失了。无疑，楼兰古城的消失和水有着重大的关系，但是楼兰人抛弃家园去了哪里，我们还需要更多的证据来为我们揭晓答案。

吴哥城

世界各地都有很多失落的古城，在久远的历史当中，它们的辉煌逐渐被人们遗忘，随后在偶然之间被人们发现，重回人们视线。这似乎是一个规律，很多古城都是这样回到人们视线中的。在柬埔寨也有这样一个古城，它就是高棉王国时期的首都吴哥城。

吴哥城的发现真的是一个偶然。在19世纪中叶，法国的生物学家亨利·莫奥特到了当时法国领地的高棉内地寻找珍奇的蝴蝶标本，他带着当地人一起进入森林，披荆斩棘，躲避猛兽，但是过程并不顺利，在他们深入森林之后，几个当地人表示不能继续前进了，因为这片森林当中有让人再也无法离开的“幽灵”。

也许亨利是一个唯物主义者，他并不相信这种说法，于是一再坚持要前进，最终当地人不得不说出了这个森林里隐藏的秘密——在森林深处有一座阴森的古堡。没想到，这反倒激起了亨利的兴趣，他准备解开这个城堡的疑团。但是一行人走了五天，都没能找到那个古堡，似乎就像当地人说的那样，有“幽灵”作祟，于是当地人说什么也不肯继续带领亨利寻找了，一行人无奈之下只得返回。

但让人想不到的事情发生了，就在他们绝望的时候，五座古塔出现在了他们的眼前。而亨利偶然之间发现的，正是消失多时的吴哥城。吴哥城蔚为壮观，只是因为身处密林深处，因而长久以来没人发现。这个古城东西长1公里多，南北之间的距离大概800多米，整个古城由上百座精巧的古塔组成。在古城周围，还有宽200多米的护城河。

最精巧的还是古塔的设计，这些古塔上有各式各样的雕塑，有的是人物，有的是动物。除了古塔之外，城市中还有宫殿、寺庙、图书馆和博物馆等公共设施。由此可见，当时这里是一个非常发达的城市。但可惜的是亨利最终没能解开这个古城的秘密，因为他染病身故了，所以后面的研究工作是其他考古学家完成的。

根据考古学家的研究，证实了古城是12世纪由高棉人建成的。经过一个世纪的发展，古城达到了鼎盛时期，在1296年的时候，中国的使者还曾来到吴哥城进行贸易活动。这个人就是周达观，在他的一些著作中有提到过这个密林深处的古城。

这座古城隐秘在密林之中，似乎有一层天然屏障，据说当时这里没有限制，可以随意进出，当然，罪犯除外。古城中有很多圆顶建筑，这些建筑面向东方，因此人们推测这些应该是贵族的住所。不过最引人注目的是一座神殿，那就是看起来像是一座黄金宝塔的巴容神殿。整个神殿周围有几十座小塔和上百间石屋围绕，东边还有一座金桥，金桥两边是狮子雕塑，规模宏大，蔚为壮观。当然，现在黄金已经不复存在了，只有古旧的石头向我们展示着它曾经的繁华。

据说在高棉王国鼎盛时期，不仅是神殿和桥上有黄金点缀，国王也经常带着金冠和花环四处巡视，国王穿着绫罗绸缎，带着宝石戒指和珍珠手镯，坐在黄金王座上，接受百官的朝拜。这些被记录在周达观的《真腊风土记》当中。从这些内容不难看出，那个时候的高棉帝国应该是一个秩序森严且国富民强的强大帝国。

只是，历史中强大帝国毁于一旦的事情并不少见，很多城市在一夕之间毁灭也是常事，很可惜，吴哥城也没有例外。在1431年的时候，暹罗人入侵了高棉王国，7个月的时间里，他们在这里大肆掠夺，给吴哥城带来了沉重的打击。不过暹罗人却食髓知味，第二年又到这里来洗劫，却发现短短的一年时间，吴哥城竟然变成了荒无人烟的空城，什么都没有了！

在这一年中发生了什么，吴哥城的人又去了哪里？很多人对此进行猜测。有些人认为，可能在暹罗人走了之后吴哥城遭受了重大打击，又开始流行瘟疫，大部分人死于瘟疫，幸存者焚烧了去世人的尸体，然后远走他乡。也有人认为可能是暹罗人走了之后这里的人因为资源而产生内乱，互相厮杀，最终整个城市空无人烟了，不过让人难以理解的是这个城市没有一具尸骸，所以更多的人相信是居住在这个城市的人全部离开了，抛弃了自己的家园。

但他们是被侵略者卖为奴隶，还是自己离开，寻找新的家园，我们还需要更多的证据才能知道答案。虽然吴哥城只剩一座空城，但只要我们不放弃继续探索，迟早会解开这个疑团！

特洛伊城

在《荷马史诗》中，有一个“红颜祸水”的故事，想必你已经想到了，这个故事就是由绝世美女海伦引发的特洛伊战争。在史诗当中，这场长达10年的战争起源于一个名叫海伦的女子。

在公元前1193年，特洛伊国王普里阿摩斯和他的二儿子帕里斯前往希腊斯巴达国王墨涅拉奥斯的王宫赴宴。席间，帕里斯对墨涅拉奥斯的王后海伦一见钟情，于是偷偷带走了海伦，两人私奔回到了特洛伊。墨涅拉奥斯知道后怒不可遏，于是联合自己的哥哥，也就是迈锡尼的国王阿伽门农一起征讨特洛伊，试图夺回自己的妻子。

然而特洛伊是一个防守非常严密的城池，易守难攻，双方对峙10年之久仍未能破城，最终，奥德修斯对墨涅拉奥斯献上“木马计”，于是斯巴达士兵建造了一个巨大无比的木马，部分士兵藏于木马之中，其他的士兵则撤退。特洛伊人见希腊人撤兵，非常开心，还将木马当作战利品带回了特洛伊城。

回到城池中，特洛伊人彻夜狂欢，饮酒作乐。到了深夜，躲藏在木马当中的希腊士兵偷偷出来，打开城门，就这样，希腊士兵冲入了防守严密的特洛伊城，将这个城市毁于一旦。

不过也有人认为争夺美女海伦只是阿伽门农和墨涅拉奥斯的借口，他们之所以攻打特洛伊城，是因为特洛伊城地理位置非常重要，而且那里经济繁荣，商业发达，所以希腊才会觊觎这个城市，进而找借口发动战争。

不管真正的原因是什么，大部分人都不会质疑特洛伊战争的真实性。但在特洛伊这个古城被发现之前，很多人都认为这只是一个英雄传说，现实中并不存在特洛伊这样的一个城市。

直到1868年，一个叫谢里曼的德国考古学家证实了特洛伊城的存在。这个考古学家在很小的时候就已经知道特洛伊的故事了，他一心要找到这个神奇的城市，不管别人怎么看，他都坚信特洛伊是真实存在的。为了筹措费用，他开始做生意，挣了大笔旅费之后，终于在1868年踏上了寻找特洛伊的旅程。

他现实按照《奥德赛》中描写的奥德修斯的居住地找到了希腊的一个小岛，然后在传说中奥德赛宫殿的遗址处开始挖掘。经过了一段时间的发掘，两个罐子出现在他的眼中。谢里曼认为这很可能是奥德赛和他妻子的骨灰，为了证明荷马史诗的真实性，他又来到了土耳其爱琴海的海边。

他认为《荷马史诗》当中描述的特洛伊城就在土耳其西北部的西沙里克山，于是便开始在这里着手挖掘。不得不说，谢里曼是幸运的，因为在挖掘一段时间后，挖出了一段石墙！这个发现让谢里曼非常开心，于是他又雇用了上百人，继续对这里进行挖掘。终于，经过很长一段时间的挖掘过后，几个古城的遗址跃然眼前。

谢里曼认为，这些城市是先后在废墟上建立起来的，也就是说一个城市灭亡之后，在它之上再兴建另一个城市，挖掘出来的几层可能是在特洛伊废墟上建立起来的城池，特洛伊城应该在更下方。于是他命令工人继续向下挖掘，在他看来，寻找特洛伊是最重要的事情，然而他的这一决断造成了几处古迹的毁坏，很多珍贵的遗址被损毁了！

也许是执着所致，谢里曼挖掘出了普里阿摩斯的黄金宝藏！在这批宝藏当中，有很多黄金首饰，最初这些宝藏应该是存放于某种器物当中的，只是经过几千年的时间，器物早已经腐烂了，只有明晃晃的黄金安静地躺在土里。遗址上方的一个小屋子里也有很多金银器物和首饰，还有近万颗金珠子！看着这些宝藏，或许特洛伊也称得上是一个“黄金国”。

谢里曼觉得自己找到了特洛伊，这些珍宝应该要交给希腊保管起来，只是当时希腊政府忌惮土耳其的势力，没有接收，无奈之下，谢里曼只得将这些珍宝带回德国，放在国立博物馆中保存。但是这并不是结局。

在第二次战争爆发期间，德国人将这些宝藏藏了起来，以免它们受到损毁，但最终不知是谁，在战争的混乱当中将黄金宝藏带走了！这件事发生之后，所有历史学家的心都悬了起来，如果有人因为贪欲而将这些宝藏重新熔铸，那么造成的损失是金钱无法估量的！

直到20世纪末期，俄罗斯政府才表示这批黄金宝藏是他们带走的，现在存放于莫斯科。不过希腊、土耳其和德国都对这样的行为表示不满，至今四个国家仍在讨论这批特洛伊宝藏的归属权。

在这批珍宝重见天日之后，新的问题又出现了，那就是专家对这些宝藏所发现的地方进行考察，发现这里形成的年代比特洛伊城建城还要早1000多年！这个结果或许会让谢里曼崩溃，因为他心心念念寻找出的这批“特洛伊宝藏”根本不是特洛伊的，也就是说，他所发现的古城遗址并非特洛伊城。

也就是说，谢里曼自以为正确的推测可能造成了非常严重的结果！他找对的位置，却挖掘过了头！真正的特洛伊城已经在他挖掘的过程中被破坏了！整个遗址一共分为九层，至于哪一层才是真正的特洛伊，考古学家们至今还没有定论。

不管特洛伊在哪里，至少如今我们可以断定，这个强盛一时的古城是真真正正存在的！

马丘比丘

传说中的印加帝国有一批可观的黄金宝藏，只是这批宝藏去了哪里无人知晓。其实，对于现在的我们而言，印加文明留给我们的宝物并非仅仅是一些没有找到的黄金，更重要的是它留给了我们一个可以探寻印加文明的古城——马丘比丘。

马丘比丘出自于奇楚亚语，意为“古老的山”，它也被我们称作“失落的印加城市”，因为它完好地保存了前哥伦布时期的印加遗迹。对于秘鲁来说，马丘比丘是最热门的旅游景点，对于整个南美洲来说，它是重要的考古挖掘中心！

这个古城的遗址就位于秘鲁内库斯科130公里的地方，坐落于海拔

2350米的山脊之上，仰望这个地方，就像看到了印加帝国一样——威严肃穆。这个山脊上的城市周围生长着茂盛的热带雨林，现如今已经是旅游胜地，但是在15世纪的时候，印加帝国鼎盛时期，这里可不仅仅是一个旅游的地方，它是整个印加的制高点。即便后来印加帝国被西班牙征服，殖民者也未曾到达过这个与世隔绝的地方。

随着印加帝国的衰落，这里也渐渐被人们遗忘了，虽然印加人的后裔知道这里，但是也没有人到过这座被森林和白云围绕的城市。渐渐的，它消失在了人们的记忆中。直到20世纪初，这个云中的城市才重回人们的视线。

发现他的人是一个名叫恩特·希拉姆的美国人，小的时候他曾看到过一张印加悬索桥的照片，因而被印加文明吸引。在成长过程中，恩特看了许许多多关于印加帝国的资料，并成为一名历史专家。在对印加帝国了解日渐深入之后，他便决心寻找失落的城市——马丘比丘。

在南美地区一直有“失落的印加城市”的传说，加上在西班牙入侵的时候有印加人撤退后不知去向的说法，于是恩特便在1911年带领探险队前去寻找马丘比丘。在乌鲁班峡谷，当地的农民告诉恩特，河流上游有一个海拔很高的城市，不知是不是他要寻找的地方。恩特知道消息之后，马上跟着当地人来到了这块高地，在这里，他发现了一个古城遗址，而且恩特相信，这就是传说中的马丘比丘。在接下来的几年中，这个遗址被彻底发掘出来，盘绕在建筑物上的藤蔓被人们清理干净，但遗址当中的很多金银财宝也被人们争相带走，使得这里的文物遭受了破坏，很多当时的瓷器和一些生物的骸骨都被带到了别的国家，马丘比丘彻底成了一座空城。

不过即便只是一座空城，它的价值仍旧是显而易见的。从1983年开始，联合国教科文组织将其列为人类自然和文化遗产就知道了。根据考古学家的判断，这个城市建成于公元15世纪，直到17世纪初一直有人居住。城中的建筑非常独特，只要是对缝严整、磨制光滑，且配备三扇窗的建筑肯定是神庙，墙上的每块石头都像是精心挑选的，它们就像是天生匹配在一起的拼图一样，之间没有任何黏合物粘连，却一点缝隙都没有，连刀片都插不进去！而这样的建筑风格，绝不是其他印加遗迹当中所拥有的特性。

马丘比丘是一座雄伟而美丽的城市，可以看出城中有很多花园与宫殿，高低不一的花园和道路之间用石阶相连。在城市当中，还有菜田、沟渠、水池和浴池等公共设施。在这个城市的中央，是一个叫作“圣洁广场”的地方，广场中间是一座巨大的日晷，就像是英国的大本钟一样，它为当地人指向时间。在古城的一段还有太阳神庙和“拴日石”，可见当时这里的人们也是崇拜太阳神的。

因为地势的关系，马丘比丘城堡对面的田地全部是梯田，而且还有人工开凿的水渠。也正是这些水渠灌溉了马丘比丘的花园，让这个山顶上的城市郁郁葱葱，一片繁荣景象。看到这里，你是不是有到马丘比丘生活的冲动？那里一定有最新鲜的空气，最纯净的一切，最接近天堂的地方或许就是那里。

可是，这样一个美丽的城市为什么会被人们抛弃了呢？根据历史记载，西班牙入侵的时候也不曾涉足过这片净土，加上发现的遗迹并没有人为损毁的痕迹，我们基本可以确定这里不曾遭受过什么灾难。既然如此，为什么要舍弃这片接近天堂的地方，另寻他处呢？至今为止，人们仍旧没有找到答案。

更加让人们难以相信的是，根据科考结果，发现马丘比丘在西班牙人入侵之前就已经是一座空城了，这更加深了人们的疑惑。但关于这个城市的疑团显然不止这一个。比如人们为何在山脊之上建造了这个城市，又是怎样在一个没有铁制工具和车轮的情况下建造出现在都叹为观止的砖石建筑等，都是一个个待解的谜团。

佩特拉

在如今的约旦，有一个被称作“凋谢的玫瑰城”的古城，它就是佩特拉。听它的名字，是不是感到好奇，为什么会有一个这样浪漫而神秘的名字呢？实际上，这个城市和我们想象中鲜花似锦的小城不一样，它是一座荒无人烟的古城。

古城不都应该用荒凉来形容吗？为什么佩特拉被称作“凋谢的玫瑰城”呢？这就是它的独特之处了。佩特拉坐落在约旦首都安曼南部200多公里的西克峡谷当中，这个城市的建筑物很多都是从赭石色的岩石上凿刻出来的，因此便有了玫瑰色的城市之称。

佩特拉被称作“玫瑰红的城市”最先是英国诗人柏根提出来的，在他的诗中这样描写了佩特拉：“一座玫瑰红的城市，其历史有人类历史的一半。”但事实上，在柏根这样说的时候他并没有亲自去过佩特拉，当他去过佩特拉之后，发现那里并非都是玫瑰红色的，这里的岩石除了红色，还有橘红、紫色、黄色，甚至还有绿色和淡蓝色。虽然描述可能有些失真，但佩特拉“玫瑰色的城市”的名字就这样传开了。

佩特拉最初是1812年由瑞士探险家约翰·贝克哈特发现的，后来考古学家们纷纷到这里进行实地考察和挖掘，终于将整个佩特拉古城展现在了人们眼前。这个古城占地有20多平方公里，它的建筑物全是从岩石上雕刻出来的，这使得整个古城散播在山谷、山坡和山顶各处。整个古城周围都是悬崖绝壁，让人不得不叹服。

在这个玫瑰色的古城当中，最著名的一座建筑就是位于广场正面的哈兹纳宫。这个宫殿高50米，宽30米，分上下两层，下层的前殿由6根直径2米的圆形石柱进行支撑，顶层的6根圆柱则依附在墙壁上雕刻而成，石柱与石柱之间是供奉着武士、圣母等神像的神龛。而这些神像的体积均比成人还要大，站在神像下方，有一种肃穆的氛围，也有一种压迫感。

除了建筑的精巧之处外，哈兹纳宫的色彩也必须要说。整个宫殿雕凿在沙石当中，在阳光之下，整栋建筑分成了好几种色彩，从粉色到橘色渐变，而且色彩层次分明，还有黄色、紫色和白色的条纹，美不胜收。沙砾闪烁，折射出各种各样的光芒。

在这样一个古城中转上一圈，一定会好奇是哪个神来之手创造出了这样美轮美奂的古城。考古学家为我们揭晓了答案。佩特拉古城是纳巴特人在2500年前建成的，他们大约在公元前6世纪从阿拉伯半岛游牧到了这里。由于佩特拉是东西方的交通要道，而且水草丰美，还有茂密的森林，从战略角度来说，这里易守难攻，位置绝佳，因此他们停止了游牧，在这里建造了巧夺天工的家园。

只是再易守难攻的城市也不可能没有一点隐患，在公元106年的时候，罗马人入侵了这里，使得佩特拉成为罗马的地盘，再后来，这个城市被东罗马帝国占领，没多久又落到了阿拉伯帝国手下……几经辗转，这个古城最后便湮没在了历史当中。

既然这个古城位置绝佳，即便被他国占领也一直有人居住，最终为什么荒废了呢？对此，有人认为是生态失衡造成的。在古罗马时代，人们在这里建房和生活不只伐了大量树木，造成了土地荒漠化，不适合人们居住，于是人们便离开了这里。也有人认为在363年的时候，这里发生了一次大地震，而且这次地震损毁了许多建筑，之后人们虽然对这里进行了重建，但是后来又接连发生了几次地震，于是人们被迫离开了这里。

不管是哪一种说法，都需要更进一步的证据来证明。

德林库尤

很多人想象过这样的一种情况，人类仅仅生活在陆地上吗？有没有可能生活在海底？或者生活在地下？人们试图寻找亚特兰蒂斯是否是一个水下文明，没有结果，但是地下是否曾经有人生存，答案是肯定的，因为在土耳其的卡帕多奇亚，就发现了地下城市。

卡帕多奇亚距离土耳其首都安哥拉300公里，是一块看上去神秘而又荒凉的高原，在这片高原上，有很多壮观又诡异的锥状岩石，谁也想不到，在这些诡异的岩石之下别有洞天吧？

卡帕多奇亚地下城被人们称作德林库尤。这个城市规模宏大，深55米，上下分为8层，共有1200多间房屋，可以容纳1.5万人。简单形容这个地下城就像是蚂蚁窝一样，走廊又低又矮，而且非常曲折，在里面行走甚至无法直起腰来。

虽然里面行动不便，但是这个地下城里的设施非常完善，除了工人们居住的起居室外，还有动物的棚圈以及储存物资的仓库。另外，还有一些功用性的房间，比如酿酒坊、礼拜堂等等。在这个城市的最底层，是一个蓄水池。由此可见，这个城市的规划非常合理，设施也非常完善，连通风孔都设计到了。这个城市最深的一个通风井甚至在地下86米深的地方！

而且这个城市每一层的入口都是一块巨石，这样里面的住户可以通过地道在不同的楼层之间穿梭，而外面的人则无法进入。更让我们无法相信的是德林库尤这样的地下城并不是世界上绝无仅有的，就在德林库尤被发现两年后，在这个地区附近又发现了一个地下城，而且这两个地下城之间有一条10公里长的地道相通！在之后的几年里，通过不断的探索，人们已经发现了36座地下城，而且这些地下城之间都有互通的地道！而且人们相信，“36”这个数字也许并不是最终的数字，也许还有更多的地下城还没有被我们发现。

这不禁令我们感到奇怪。为什么耗时耗力建造规模如此庞大的地下城呢？即便地下城设施再完善，也不比在地面上享受阳光好吧？究竟是谁，出于什么原因建造了地下城呢？对此，人们众说纷纭。

有人认为这个城市很可能很早以前就建造出来了，因为在最底层人们发现了闪米特时代的器物。至于这些地下城的作用，有些人则认为是为了躲避地面上的敌人而修建的。人们认为是基督徒为了躲避罗马的宗教迫害而逃到这里的。但是我们已经知道在洞中发现了闪米特时代的物件，证明了它的存在比基督徒到来要早，因此这个说法并不牢靠，再加上历史中并没有相关记载，因此也不能证明什么。而且即便可以躲在地下，但地下城中同样有厨房，做饭的炊烟会通过通气孔跑到地面上，不被发现是很难的，而且躲在地下反而更危险，因为只要地面的敌人堵住通气孔，下面的人就只能窒息而死了。

既然躲避的不是地面上的敌人，那么生活在地下又是为了躲避什么呢？闪米特人在他们的圣书中记载了所罗门通过飞行器而搅乱当地的事情。如果真的是这样，那么把地下城作为防空洞是有可能的。只是在那个久远的年代又怎么可能有飞行器的存在呢?

也许，只有找到更多的证据，才能更接近真相吧!

马里鬼城

在科学日益发展的今天，人们越来越不相信鬼神之说，但是在非洲西部的马里却有一座“鬼城”，这个城市自发现以来就吸引了大批的考古学家和学者。1975年，罗德里克·麦金托斯听说了“鬼城”的传闻，因为那时他大学刚刚毕业，正是血气方刚的年龄，于是被好奇心驱使，准备前往一探究竟。

根据当地人的说法，“鬼城”在马里共和国的金纳城3公里之外的地方，是古代金纳人建造并居住的地方。但是后来不知道是什么原因，这个城市里的人都神秘地走了，于是人们便传言是魔鬼带走了这个城市的居民，因此这座城市就这样荒废了，没人敢靠近这片土地。

显然罗德里克是个例外，他听说之后就开始大范围搜集和“鬼城”相关的资料，并在1977年前往进行考察。经过细致的工作，考古学家们发现了越来越多这里曾有人居住的证据，只是这些东西并不能证明曾经这里住着什么人，他们又是什么时候住在这里，什么时候离开的。但是考古学家们没有轻易放弃，随着日益深入的挖掘工作，出土的文物也越来越多，有那时的作物外壳，有动物的骨头，还有一些破损的陶器、陶俑。这些可以证明这个城市曾经具有高度发达的文明，而且规模不小。测定之后，人们确定这座古城建于公元5世纪，大概在14世纪初被人遗弃。

但是接下来又一个问题出现了，西非发展晚于其他地区，在公元9世纪的时候，阿拉伯人来到了这里，城市这一概念才被传到西非，这也就是说，西非地区的城市不可能在9世纪之前出现，然而马里鬼城显然打破了这个发现，让西非文明的诞生早了几百年。只是这个城市是谁建造的，人们又过着怎样的生活，让考古学家们再次陷入了思考。

1981年，考古学家又对这里进行了细致的挖掘，这次挖掘果然得到了更多有用的信息。人们发现了和现代金纳人生活结构比较相似的房屋旧址，还发现了一些铁制品和石质的首饰，也有一些金制品。这次挖掘让考古学家们推测出这个城市在鼎盛时期人口差不多有2万，人们以制造业和商业贸易为生。只是生活在这里的人是什么原因突然消失的，至今仍旧没有答案。

第四章　被毁灭的奇迹

人类的历史同时也是一部建筑史，在很多文明当中，建筑水平显示了它的文明程度。它们用一个又一个奇迹向我们证实了文明的力量。

史前水泥柱

水泥在今天是再常见不过的东西了，我们用水泥铺路、盖房子，可见它对我们的生活具有很大的意义。不过在很多古城当中，我们都见不到水泥房子，只能见到木质或石质、土质的房子，因为水泥在那个时候还没发明出来呢！

但是有一个发现让人们对水泥这种物质产生了质疑。这还要从1774年说起。当时，英国的航海家詹姆斯·库克正进行一次环球探险，在这次探险当中，他发现了新喀里多尼亚岛。这个岛屿位于亚语新西兰之间，在太平洋的中部，面积不大，差不多有朝鲜半岛的34%大小。现在这个岛屿因为珊瑚礁和自然美景已经晋升为旅游胜地，不过在詹姆斯发现这个岛屿的时候，还没人知道它呢！

在这个岛南边40海里远的地方，还有一个名叫派恩的小岛，詹姆斯发现这个岛上有400多个奇怪的土丘，这些土丘是用沙石铸造而成的。每个土丘都高2.5米以上，最高不过3米，直径有90米左右。在这些土丘上没有任何植物，看上去荒凉无比，在以前，人们都认为这是某些古人的坟冢。后来，人们在这里展开了考古工作。

1960年，谢里瓦尔来到了这个小岛进行挖掘，让他想不到的是，有三个土丘的中央都有一根水泥柱，还有一个土丘当中有三根并排的水泥柱！这些水泥柱高1—2.5米，柱子当中除了有水泥还有一些贝壳碎片。

随后，他对这些水泥栓进行调查，发现这些水泥柱大概是公元前10950—前5120年建成的，也就是说这些水泥柱是史前文化！这怎么可能呢？现代水泥是19世纪才发明出来的，就算是和水泥相近的石灰混凝土，也是公元前500—600年时才被罗马人发明使用的，那么这些水泥柱怎么可能在史前被建造出来呢？

但是反复检测结果仍旧一样——这些水泥圆柱要早于罗马时代！更加让人难以置信的是，考古学家认为新喀里多尼亚岛上直到公元前2000年左右才有人类居住。也就是说在公元前2000年之前这里是一片荒芜，不可能有人类居住，更不可能有人类文明存在！它附近的派恩岛则更不可能了。那么这些水泥柱是谁建造的呢？其独特的造型不可能是自然之力。按照科学家的推断，这些水泥柱的建造方法是堆起土丘，然后将水泥灌注其中。只是不管怎样考证，考古学家们都没能从这些土丘周围找到人类活动的痕迹。

这些水泥柱是谁建造的，又是做什么用的，它是否是遗迹的完整体，都等着我们进一步去挖掘、探索。

塔姆岩刻

人类发明了造纸术之后，便开始将文字记录于纸上，然后流传于世，现在我们了解过去的历史，很多就是通过留下来的史书了解的。显然，文字先于纸张出现，那么在纸张发明之前，文字要写在哪里呢？在没有纸张，甚至没有墨水的时候，人们往往通过雕刻将文字或图画记录下来，显然，这些图画和文字是我们现代考古学家了解过去重要的史料。

在世界的很多地区都有很久以前的雕刻，这些就像是史前图书馆一样，在没有纸张，甚至没有文字的时代向后人述说着那个时代的故事。

在瑞典的博赫斯兰地区的塔姆岩刻堪称一绝，这里就像是欧洲旧石器时代后期的图书馆，塔姆岩刻仅举世著名的就有1500多处，其中各种各样的形象更是有4万多种。根据考古学家测定，这些雕刻是在公元前1500—公元前500年之间完成的。

当地人称这些岩石雕刻为“皮托蒂”，是玩偶的意思。这些岩刻规模庞大，除了被发现的这些，每年都会有新的岩刻被发现，很多岩刻都是情景绘画，比如耕耘时或者是狩猎时的样子。

在那个只有粗糙工具的时代，想要雕刻出这些图案并不是一件简单的事情，尤其是在一块巨大而平滑的岩石之上。这些岩刻经过了冰川千年的冲刷，已经有很多划痕了，不过我们应该庆幸，如果那个时候不是雕刻在石头上，而是用颜料画在上面的，如今这些图案早已经不留痕迹了。

根据科学家们的考察，发现当时雕刻这些图案是用一块削尖的石头反复敲击巨石平面，这样会在表面上显现出很多米粒大小的圆点，进而决定接下来的线条。不过通过对这些岩刻的观察，我们又发现了一些问题，有很多岩刻是重叠在旧岩刻之上的，也就是说在原有的图案上重新雕刻，这样一来很多岩刻的图案就变得复杂而不清晰，难以辨识了。在这种情况下，我们很难破译岩刻的含义。

不过考古学家们认为这些岩刻应该是一种象征性的东西，可能是一种宗教思想。不过在铁器时代到来后，岩刻也出现了一些进步，比如比起象征性的符号，更多的是一些表现故事的场景。只是很多图画在现在看来都非常奇怪。举例来说，有些图画中的猎手拿着战争时才用的投枪，而实际上打猎的时候人们往往会使用弓箭；还有，很多图画中的人不是骑在马背上，而是站立在马背上，人与人之间的战斗往往也有更多种奇奇怪怪的武器，这些都让学者们非常费解，难以解释。

不过也有学者认为，这些雕刻可能是一种原始崇拜，因为对神充满崇拜，所以在雕刻中加入了很多现实中没有的元素。不过这也仅仅是一种猜测，事实如何我们还不得而知。总之，这些雕刻更多的是一种表达，一种象征，不管它真实的意义是什么，已经没有那个时代的人可以代为解说了，只能我们继续对其进行研究，才有可能找到答案。

只是这些史前的遗产正遭受着巨大的威胁，在这些岩石雕刻周围，有人开始修建发电站所用的水库，如果继续进行这样的行为，那么这些史前文化将被淹没在水中，即便躲过了千年的风沙，最终仍旧难逃现代人刻意的毁灭！

巴别塔

在《圣经·旧约》当中有这样的一个故事：在很久以前，地球上的所有人类之间语言是相通的，大家都使用同一种语言，沟通没有任何阻碍。后来，人们来到了幼发拉底河和底格里斯河流域，并在这片肥沃的土地上修筑城池，定居了下来。人们在这里安居乐业，世代繁衍生息，让这里越来越繁荣。

有一天，人们决定修建一座通天的高塔，这样他们就可以去到天堂，于是他们便动工了。一开始，上帝并不知晓这件事情，后来直到这座高塔建成，直通云霄，上帝才知道。为此，他非常生气，因为他将这座高塔视作人类的虚荣心，上帝想，人们说同样的语言，交流后一起建起这样的通天巨塔，以后还有什么是他们做不出来的呢？于是上帝一怒之下，做出了一个改变世界的决定——让人世间的语言混乱，人们彼此之间语言不通。因此，通天塔又有了“巴别塔”这样的名字，因为“巴别”意为“变乱”，象征着人们的野心。

显然，这是一个传说，人世间怎么可能有通天的高塔呢？更何况在天际之外是宇宙，而不是人们可以享乐的天堂。但是从另一个方面来看，传说中说建立通天塔的地方在幼发拉底河和底格里斯河之间，显然是古巴比伦的地盘，那么即便没有可以通天的高塔，巴比伦是否真的有一座高塔存在呢？在古巴比伦遗址被发现之前，人们都在寻找这个神秘古国，对通天塔是否真的存在抱有怀疑态度。

但是也有人相信巴别塔是真实存在的，即便它没有通天的高度，但绝对是当时令人震惊的高塔建筑。根据一些史料的记载，巴比伦确实有一座高塔，但是在公元前689年的时候，亚述攻占巴比伦，并破坏了这座举世无双的高塔。后来新巴比伦王国建立，尼布甲尼撒二世便下令重新修筑了高塔。为了修筑巴别塔，他动用了全国的劳力，最终建成的新的巴别塔。

据说这座重建后的巴别塔高90米，有7层，塔基是一个边长91米的正方形。在塔顶之上，还建有蔚为壮观的神殿，在塔四周则是祭司们的住所和存放物资的仓库。这座建于5000年前的巨塔即便没有现在摩天高楼的壮观，但在那时来说实在堪称一个奇迹了。

但是巴别塔重建后也未能保存在今天，因为在波斯人入侵巴比伦之后，又毁掉了这个奇迹。大概是公元前331年的时候，亚历山大大帝占领了巴比伦，想到曾经这片土地上的奇迹，便产生了重建巴别塔的想法，只是建造这样一座巨塔在那个时候实在是一项大工程，仅仅清除废墟上的砖瓦就需要动用一万人力干上两个月，这样浩大的工程即便是无所不能的亚历山大大帝也望而却步，最终只得放弃。

除了传说之外，古希腊历史学家希罗多德也记载了巴别塔的存在。它表示在公元前460年去巴比伦的时候，曾经见过这座震惊世界的建筑。在他的描述当中，巴别塔的主塔是实心建筑，高200多米，共有8层，在塔外，是盘旋而上的阶梯，直至塔顶，看上去就像是现在的盘山公路，在阶梯上还有可以歇息的座位。巴别塔的塔顶确实是一座装饰华丽的巨大神庙，在庙中还有睡椅和金制的桌子。塔基每边边长90多米，高度也有90米左右，这个记载和传说不谋而合。

于是人们便再次相信，或许巴别塔真的存在。只是几个世纪以来，古巴比伦的遗址一直没有被找到，所以人们更不要说寻找巴别塔了。直到1899年，德国考古学家罗伯特·科尔德维在巴格达南90公里的地方发现了古巴比伦城，古巴比伦的文明才浮上水面。

对古巴比伦城的挖掘是一个浩大的工程，历经10年的时间，考古学家们终于将整个古巴比伦城展现在了世人眼前。从遗址来看，这个城市当中有辉煌的宫殿和庙宇，还有很多街道和住宅。而且，更令人们感到惊喜的是，罗伯特真的发现了一个巨大的塔基。这个塔基建造在一块凹地里，经过测算，这个塔基每个边的长度为87.78米，和神庙的总高度也是87.78米，分为7层。87.78这个数字非常接近传说和历史中记载的90米，因此罗伯特认为这座塔应该就是巴别塔的真身了！

不过对此也有人表示不赞同，有些人认为传说中的巴别塔应该是巴比伦的马尔杜克神庙大寺塔。因为这个塔高约90米，和如今20几层的大楼高度相当，在塔下看，确实有通天之感。不过有人认为巴比伦塔才应该是传说中的通天塔，只是这种争论并没有充足的证据可以证明。所以讨论再多，也没有一个结局。不过大部分人还是相信马尔杜克神庙大寺塔就是通天塔，因为在这个塔里人们发现了希罗多德对巴别塔描述的石碑，所以大部分人以此为证据。

只可惜不管人们怎么探索，也只能找到一些遗迹，即便有一天找到了真的巴别塔，恐怕也只剩下断壁残垣，无法一睹它的风采了，因为在历史当中，这个塔被毁掉了。除了这个塔的真身究竟在哪里之外，我们更加好奇，耗时耗力修筑这样一座巨塔的目的究竟是什么呢？

有人认为这可能是尼布甲尼撒二世为了宣扬自己的功绩而建造的，显示自己的地位和威严，之所以这样说，是因为在巴比伦城遗址的很多砖片上都写着“尼布甲尼撒，巴比伦的国王。众神的护卫者，那波帕拉沙尔的儿子，巴比伦之君”。可见，尼布甲尼撒二世想要流芳千古也不是不可能。

不过也有人认为尼布甲尼撒二世不会为了一点私欲而进行这么浩大的工程，所以巴别塔很可能是观天象的场所，毕竟古巴比伦在天文方面也曾做出了不少贡献。只是它的真实作用究竟是什么，在今天来讲还是一个谜。

亚历山大灯塔

我们时常会用“灯塔”来形容指引我们前进的明灯，事实上，灯塔确实有着很重要的意义。而且，在很久很久以前，曾经有一座永不熄灭的灯塔!

当我们提到古埃及的时候，首先想到的就是金字塔，但事实上，在2000多年前，亚历山大灯塔要比金字塔辉煌多了！这座高135米的灯塔从公元前240年建成直至641年埃及被阿拉伯伊斯兰毁灭，这个灯塔才熄灭，也就是说，它昼夜不眠地燃烧了整整上千年!

在那个建筑耗时又耗力的时代，为什么要建造这样一座建筑呢？关于这一点，还有一个故事。在公元前280年秋天的一个晚上，埃及的皇家喜船载着当时埃及国王托勒密二世的新娘从欧洲回到埃及，没想到的是，夜黑风高，在经过亚历山大港的时候，因为视线不佳，没能看到暗礁，于是船触礁沉没了。

船沉之后，船上迎亲的埃及贵族，还有从欧洲远道而来的新娘，都葬身冰冷的大海。一时间，喜事变成了丧事。这件事传到了埃及，让托勒密二世更是痛不欲生。不过在他振作之后，马上下令在最大的港口修建一座灯塔，以免同样的悲剧再次发生。

经过了几十年的时间，雄伟壮观的亚历山大灯塔终于在法洛斯岛的东端点亮了。根据历史记载，这座灯塔高135米，高度差不多是一座40层高的大楼，比如今最高的日本横滨港灯塔还要高28米！塔身高114米，共分成三个部分，最底层是塔基，上面是逐渐缩减的塔身，最高处是一个塔尖。整座灯塔全是由大理石砌成，在石缝之间灌注了融化的铅，正是这样牢固的建筑，才能让它在接下来的1500年里一直为路过的船只照亮前路。灯塔当中有300个房间，管理灯塔的人和值班的卫兵就居住在这里。塔基的房间有50个，除了宿舍之外，还有天文学家和气象学家观天象用的专门房间。设计的精巧之处还不仅如此，在中层和上层的倾斜梯的正中间，还有一个人工升降装置，帮助人们运送燃料和其他物品。

在塔顶还有海神波塞冬的雕像，似乎在告诉人们："海神保佑你们。"塔顶是灯室，在白天的时候，人们使用青铜质地的凹面镜反射太阳光发出光亮；到了晚上，太阳落山，人们就要点燃橄榄油和木柴，然后用青铜镜反射火焰的亮光。据说灯塔发出的光在60千米以外都能看到！不过我们无从考证了，因为这个灯塔已经被毁掉了。

每天灯塔中都有人轮流值班，所以它才能千年不灭。只是这些在灯塔被发现之前都是传说一样的存在，毕竟人们没有找到疼它的痕迹。不过亚历山大灯塔确实不止一次出现在史书中，所以考古学家们从未停止探索的脚步。

1994年，一个潜水员在亚历山大港东部康口的海床上发现了一些古代的遗迹，之后，通过卫星照片，更多的遗迹显现了出来。13年后，美国的一个科研小组从这里水下6米深的沉积物当中提取了标本，验证之后证明这就是我们一直以来寻找的亚历山大灯塔！

终于，这个号称世界“第七大奇迹”的建筑终于被找到了。这样一个宏伟的建筑，是怎样沉于水下的呢？专家认为，在公元700年的时候，亚历山大发生了地震，不过这次地震并没有让这个占地930平方米的建筑毁掉，只是毁掉了灯室和波塞冬的雕像。后来据说东罗马帝国的皇帝在意图攻打亚历山大的时候为了隐藏行踪，所以派人造谣，拆毁亚历山大灯塔，不过也只拆除了灯室便因为人民的反对而终止了。在公元880年的时候，灯塔被复原。但是在1100年的时候，这里又发生了大地震，使得灯塔遭到了严重损毁，只剩下了最底层的一部分用作瞭望台，人们在瞭望台上修建了清真寺。不过这也没能保持多久，在1301年和1435年的两次巨大地震中，灯塔彻底被损毁了。之后地层下陷，灯塔也就沉入了海中。

现如今，这座灯塔原来的位置上已经修筑了一座军事要塞，我们也只能看着岁月的变迁，想象它曾经不灭的闪耀了。

空中花园

古时候人们总是能够凭借着聪明才智创造很多震惊世界的奇迹。在古巴比伦，除了巴别塔之外，还有一座不得不说的建筑，那就是传说当中的空中花园。

空中花园缘起于一个唯美浪漫的爱情故事，想办法下令建造这个奇迹的是一个骁勇善战的君王，他这样做的目的仅仅是为了博红颜一笑。这个不惜劳民伤财也要成全自己爱情的人就是尼布甲尼撒二世。

在公元前7世纪后半期的时候，亚述王国开始衰退，此时巴比伦河迦勒底人以及米底人联合起来对亚述发兵，最终灭掉了曾经繁盛一时的亚述王国。之后新巴比伦王国成立了，尼布甲尼撒因为骁勇善战而备受老国王的器重，老国王死后，尼布甲尼撒继承了父亲的位置，史称尼布甲尼撒二世。因为之前联合对抗亚述，使得新巴比伦和米底的关系亲密起来，尼布甲尼撒二世到了该结婚的年龄，便迎娶了米底的安美依迪丝公主。

安美依迪丝公主非常美丽，尼布甲尼撒二世对她一见倾心，但是结婚之后他发现自己的王妃虽然美丽，却从来不笑，原来，米底是一个山峦起伏、森林茂密的国家，那里景色优美，有许许多多漂亮的花草，而巴比伦则地处平原地区，高一点的土堆都找不到，加上这里夏天炎热干燥，植物生长状况也不好，所以安美依迪丝因为思乡而愁眉不展。

为了让自己的爱妻重展笑颜，尼布甲尼撒二世下令寻遍所有的建筑师，命他们建造一座假山。就这样，枝繁叶盛的空中花园被建立起来了，而安美依迪丝也重新露出了笑颜。

只可惜，我们没有安美依迪丝的眼福，看不到这个世界建筑史上的奇迹。我们只能通过古历史学家希罗多德的记录才能对这个惊世建筑想象一番。根据希罗多德的记录，空中花园是一座高110米的多层塔式建筑，整个花园分成4层，每层内部都有砖石垒成的阶梯，每一层还有大理石修筑的小路。为了防止渗水，每层都铺有浸透柏油的柳条垫。在路边是各式各样的奇花异草。在空中花园内部中间是芦苇，外面则堆着厚厚的泥土，在空中花园的上空，时常有绚丽的彩虹。

不过更让人惊奇的是这座建筑的供水系统，想要这里的花草生长得繁茂，那么花园到顶部就必须有巨大的储水装置，这样才能通过灌溉系统浇灌下层的花草。尼布甲尼撒二世和建筑师们通过螺旋泵解决了这个难题，他们从幼发拉底河里引水，通过花园底层奴隶们不停地转动齿轮把手，将水抽送到花园中。而且将水抽送到高空也不是那么轻松的事情，再说了，这座建筑常年被水流冲击，又是怎样保证不会坍塌的呢？

关于空中花园的疑团不止这两个，还有巴比伦本地根本就没有石料和砖块，真的想要建成一个如此庞大的花园，那么就要从遥远的地方运过来，这样耗时耗力又具备很多技术难题的建筑，在那个科技还不发达的时代究竟是如何做到的呢？

在平原地区造出一座人造山，山上还要有水有植物，而且在这个干燥的地区还要向山上供水，这样的一座建筑，有可能建成吗？因为有着各种各样技术层面的疑问，所以很多人都认为空中花园只是一个美丽的传说。

但是令人没有想到的是，在19世纪末的时候，人们还真的在巴比伦城的遗址中找到了空中花园的遗址。它位于巴比伦王宫的东北角，占地约1平方公里，是一个近似长方形的建筑物，整个建筑由两排小屋构成，在西边的小屋当中有一口开了三个水槽的水井。于是专家认为，这很可能就是空中花园的遗址，小屋可能就是空中花园的供水房，而且遗址中确实有种植花草树木的痕迹。这个发现显然刷新了我们对古巴比伦的认识。

只是，这个惊世骇俗的建筑只剩断壁残垣，我们已经无福欣赏了。从另一个方面来说，这个建筑虽然是建筑史上的奇迹，也确实是一段浪漫唯美的爱情故事，但是这个建筑在当时一定耗费了大量的人力物力，为了博红颜一笑，劳民伤财，实在不能说尼布甲尼撒二世是一个明君。更何况，在历史上他还曾经导演了“巴比伦之囚”的悲剧。

我们在看空中花园遗址幻想它美丽的同时，也别忘了那个时代为了这个建筑而被迫劳动的无数臣民和奴隶。

巨石神庙

在地中海的利比亚和西西里岛之间有一个叫作马耳他岛的岛屿。这个岛屿面积不大，也没有什么惊天动地的大事发生——仅限于1902年之前。

1902年，马耳他岛的瓦莱塔的一条小路引起了世界的瞩目。原来，有人在盖房子的时候意外地发现了一个洞穴，而洞穴之中竟然埋藏着一座史前建筑！这座史前建筑由好几层重叠、交错的房间构成，里面有一些供人们出入的洞口还有很多房间，在边上的墙壁上还有很多人造的孔隙。在洞穴中央的大厅耸立着由巨石凿成的圆柱和小支柱，用来支撑半圆形的层顶。

整个建筑看上去线条非常流畅清晰，还有分明的棱角，没有用石头嵌补的地方。整个建筑有三层，最深的地方有12米！石板上还有巨大的石柱。这样一个大规模的石器时代建筑，究竟是谁造出来的？

这个疑团还没有解开，11年后人们便又有了新发现，还是在这个岛屿的一个村子里，人们再一次发现了巨石建筑。通过考古学家的分析，认定这座新发现的巨石建筑是石器时代庙宇的废墟。同时，这个遗址也是欧洲最大的石器时代遗址。这座建造于公元前3000多年的庙宇占地有120亩，除了面积大之外，其中的很多祭坛上都有精美的雕刻。而这两个遗址还不是巨石建筑的终点，最后，考古学家又在这座岛上发现了好几处巨石神庙遗址。

其中被命名为“哈加琴姆”的神庙同样是由巨石建造，但和发现的其他巨石建筑相比，这个神庙的建造工艺是最复杂的，而且在这个神庙通往神殿门的洞穴两侧，还有不明用途的石桌，神殿当中还有很多尊神像。另一座建筑是穆那德利亚神庙，这个庙宇可以俯瞰地中海，底层设计成扇形，这也是马耳他岛上巨石建筑的一个共性。这个神庙大概是4500年前建成的，也是保存最完成的一座。

在马耳他岛上的所有巨石建筑当中，最让人匪夷所思的还是梦娜亚德拉神庙，这个被称作“太阳庙”的史前神庙，实际上是一个非常精确的太阳钟。通过太阳光线，这个神庙的祭坛和石柱可以准确地显示出很多节令，更让人震惊的是这个巨石建筑距今已经有12000多年的历史了！

我们可以肯定这些建筑绝不是巧合，但是它们究竟是谁建造的呢？而且在面积仅有246平方公里的马耳他岛上，竟然有30多处巨石神庙，这些巨石神庙无论是在数学、历法，还是在建筑和天文学方面，都有很高的造诣。

如果在10000多年前，马耳他岛上真的曾有过这样先进的文明，那么这种文明最终又因何消失，没能传承下来呢？也许我们只能对着巨石发问了。

太阳门

在安第斯高原上，坐落着蒂瓦纳科文化遗址。这座古城遗址位于海拔4000米的高原之上，而且四周都没有其他城市的痕迹，看起来就像是被孤立了一般，而且这里因为海拔高，所以气压也很低，在这里呼吸都会觉得有些困难。但是这里确实曾经有人生活，而且这个城市也确实繁盛一时。

现如今，整个遗址因为一条路而分成的两部分，一部分是阶层式的金字塔，另一侧则是保存完好的卡拉萨萨雅建筑，在这个建筑群的西北角，就是号称“世界考古最伟大发现之一”的太阳门。

所谓的太阳门，是由一块完整的巨石凿成的建筑，整个建筑高3.1米，宽3.96米，重10吨以上，它可不仅仅是一个看起来无用的建筑，而是非常实用的太阳钟。因为每年秋分的时候，黎明的第一束光就会从这扇门的中间射向大地，人们便知道到了秋分了。

虽然距今历史久远，但是这座巨石建筑即便今天看来也丝毫不显粗糙。它高大宏伟，上面还雕刻着许许多多精美的图案。在门楣上方有一个“日历横饰带”的雕刻，中央则是传说中的维拉科查神，人们认为就是他将各种超前的制度和技艺带到南美洲的。太阳门上的他带着王冠，手握手杖，却流着眼泪，而他上下两排则雕刻着长着翅膀的骑士。门楣横饰带的底部，则雕刻一种不明含义的几何图形。

这些图案有什么含义，我们在破译之前都无法回答。现在比起这些图案的含义，我们或许更好奇古人为什么不惜人力物力，在那个技术不发达的年代造出这样一个惊世骇俗的建筑呢？而这个太阳门只是为了指示人们秋分来临吗？有人觉得，当时人们建造太阳门，包括上面刻的图画文字，都是他们所掌握的历法知识，虽然还不确定，但如果真的是这样，那么这个太阳门上所述的历法将是世界上最古老的历法！不过也有人认为它是一个举行宗教仪式的场所，或者是文化中心、商业中心之类的地方，但是这种说法并不牢靠，更多的人相信上面记录的是历法。

不管怎么说，如果真的是历法的话，那么这些符号是什么意思呢？那时候他们又是怎样测算出太阳门的位置和秋分时节光线的关系呢？有些学者已经对这些进行了研究，美国的贝拉米和艾伦认为太阳门上的符号确实是天文知识，上面记录的是2.7万年前的天象。而且掌握这些知识的基础是人们已经了解了地球是一个圆形的球体。这让我们大吃一惊，那个时候科技已经发展到这种地步了吗？他们怎么可能知道这些？

更加令我们想不到的还有这座建筑本身，太阳门建造的石料并不是蒂瓦纳科本地的，而是在喀喀湖上的珂帕卡班纳半岛才有。这样笨重的一块巨石，当时人们又是怎样移动到蒂瓦纳科的呢？如果用木筏的话，只能运送小石块，如果是陆上运输，那么100吨重的巨石显然是无法拖动的。那个连车辆都没有的时代更不要说起重机这种工具了。如果是用平底船运石料，那么就要用到比殖民时期还要大许多的船，在那么久远的过去，想必这也是无法完成的。

所以至今为止，围绕着太阳门的疑团还有很多，多到我们无法想象！比如，在这个太阳门上还雕刻着很多史前动物的图案，起哄有一种动物看起来很像河马，又有些像犀牛，显然现如今早已经没有这种动物了，不过在史前时期它们确实存在，这种四肢短粗、体型肥胖的动物就是早已经灭绝的箭齿兽。

他们将这种动物雕刻在太阳门上有什么奇怪的吗？接下来你就明白了。这种动物在距今1.2万年前就已经灭绝了，我们对其的了解都是从化石当中得到的，早已经灭绝的动物却出现在了人类建筑当中，而且在太阳门上箭齿兽的形象有几十处，这绝不可能是巧合，只能证明在建造这个太阳门的时候人们经常见到这种动物。

1万多年前已经灭绝的动物却出现在蒂瓦纳科，只能证明太阳门建造的时间要远早于我们的想象。人们公认的最早的苏美尔文明始于公元前3300年，而人类出现在南美洲的时间要晚于公元前1万年，那么在人们到达南美洲之前，究竟是谁建造了太阳门呢？这样左右冲突的答案，难怪人们怀疑它是外太空之门了！

诺亚方舟

在《圣经·创世纪》当中记载了这样的一个故事：上帝耶和华创造了人类，但是随着时间的流逝，人类的劣根性显露了出来，人们开始作恶，用各种各样的不法行为诠释着邪恶。于是耶和华决定要消灭人类，以阻止邪恶继续蔓延。但是在毁灭人类之前，耶和华发现了一个名叫诺亚的善良人，他是世上仅有的好人了，于是他给了诺亚一条生路。

耶和华指示诺亚建造一艘巨大的船，只允许带上他的妻子、儿子和儿媳，然后世间所有的动物都带上一公一母，坐上方舟之后耶和华便发动了大洪水，大雨整整下了40个昼夜。雨停之后，陆地上的所有生灵都死去了，只有诺亚方舟上的动物们活了下来。

过了220天之后，方舟停在了阿勒山附近，洪水开始消退。40天之后，阿勒山的山顶露了出来。于是诺亚放飞了一只乌鸦，没多久，乌鸦回来了，因为它没有找到栖息地。又过了7天，诺亚放出了一只鸽子，鸽子也回来了，同时还衔回了一支橄榄枝，诺亚知道洪水退去了。再过了7天，诺亚又放飞了鸽子，这次鸽子没有再回来，诺亚便带领着所有的动物下了船，开始新生活。

根据《圣经》上的描述，诺亚方舟是一个长133.5米、宽22.3米、高

13.4米的大船。如果找参照物进行独臂的话，方舟大概比伊丽莎白女王二号游轮要短一半，大小和排水量应该是泰坦尼克号的3/5。

诺亚方舟共有3层，容积有4万立方米，底仓的面积达到了8900平方米。这样的设计使得船身比较稳定。而诺亚方舟的材质是柏木类的防水高脂树木，为了防水，方舟的外层还涂上了焦油。不过《圣经》当中并没有提及这样一艘大船究竟是怎样建造出来的。之所以称其为方舟，是因为这个词语是“箱子”的意思，而在《圣经》的描述当中，这个方舟看起来也确实有些像箱子。

故事讲完了，接下来我们就该讨论一个事实了，诺亚方舟是真实存在的吗？在听故事的时候，也许很多人都觉得这只是个故事，毕竟没有足够大的船可以放下所有的生物。但是《圣经》当中对方舟的描述又如此真实，让我们不得不怀疑，也许它真的存在。历史上有很多我们不相信的奇迹真的存在，诺亚方舟，可能也是我们不曾发现的一个人类奇迹！

在1850年，名叫亨利·莱亚德的考古学家在尼尼微挖掘出了上千片破碎的黏土板。经过对这些黏土板进行研究分析，有人发现这些距今有5500年历史的黏土板上记载了和诺亚方舟非常相似的故事——在一场吞没世界的大洪水中，一个名叫万塔·纳皮提姆的人带着他的妻子坐大船逃生。这看起来简直就是诺亚方舟的翻版，那么是不是说着两者之间有什么必然的联系呢？

于是在1955年7月，法国的探险家纳巴拉带着自己的儿子开始追寻方舟的踪迹，他们根据《圣经》当中方舟最终停留地的记载，去了苏联境内的阿拉拉特山，在四处勘察过后，他们在冰湖中发现了一块疑似方舟残骸的木板。随后，他们回国对这块木板进行了测定，结果这块木板至少有

5000年以上的历史了，而诺亚生活的时代和这块木板的时代非常吻合，于是人们便纷纷讨论，诺亚方舟也许真的存在！

但是方舟如果存在，那它的遗迹究竟在哪里？到目前为止，很多关于方舟的内容都止于流言。有人认为方舟搁浅的位置应该在亚拉腊山脉的山坡上，但是因为黑海水位上升，所以方舟很可能已经沉入海底。只是这也不过是一个猜测，目前还没有找到。如果说真的有什么证据，那可能就要说到1919年的一张照片了。在这一年，一名俄国的飞行员拍摄到了一张奇特的图片，在亚拉腊山脉上的冰川下方，有一个模糊的斑点，随后人们用雷达探测，并没能证明它是木质结构。

所以至今为止，诺亚方舟是否真正存在仍旧是一个谜。在它没有真正被发现之前，我们不能绝对地相信它存在，也不能绝对地否定它不存在。只有当一切谜团解开那天，我们才能找到想要的答案。

巨石雕像

在距离智利3000多公里的南太平洋上，有一个地势险峻的小岛，这个小岛是1772年由雅克布带领的荷兰舰队发现的。他们当时正从这里路过，前往非洲，因为发现这个小岛的当天正好是复活节，因此这个小岛便被命名为“复活节岛”。

这个小岛人烟稀少，岛上也没有树林，只有青草。整个小岛只有120多平方公里，除了一些当地土著人之外，岛上就再没有什么特别的地方了。但是巨石雕像的发现，让这个小岛举世闻名。

说到复活岛巨石雕像，大概没有人不知道，这些看起来有些可爱的巨石雕像实际上规模庞大，最小的雕像有5米高，大的雕像甚至有10米高！这些雕像前额都低垂着，耳朵下垂，脸上都没有表情。除了这些雕像的巨大让我们震惊之外，雕像的装饰也让我们大跌眼镜。这些雕像很多头上都有圆形的帽子或其他头饰，有些巨像因为倾倒使得头饰脱离了。至此我们才发现，原来巨石头像和头上的装饰并非同一块石头！巨石头上的头饰使用岛上火山口特有的红色石头雕成的。且不说雕刻难度，如此笨重的巨石头饰，人们是如何将它带到巨石头像上的呢？

为了解开疑团，越来越多的考古学家来到这里考察，不过收效甚微。有人通过研究岛上刻有的历史文字认为，这个岛屿原来拥有灿烂的文明，但是在一万多年前，因为突发的地震使得整块古大陆遭到劫难，只有复活岛“活了”下来，岛上的这些巨石雕像就是那个时候的文明遗迹。也有人认为复活节岛上的居民应该是被外星人带走的，至于这些巨石雕像，极有可能是外星人留下来的，而复活节岛就是外星人在地球的基地！

当然，很多人都认为这简直是无稽之谈，对于无法用常理解决的问题就想“嫁祸”到外星人身上，显然是不科学的。于是，有人试着提出了一种“洒水雕刻”的办法，这个方法是用葫芦装水，然后洒向巨石，经过多次反复最终将雕像完成，然后通过木头和绳子对巨石进行搬运。但是人们推测，在那个洪荒年代即便有人类的存在，那时候的人类也不会使用工具，怎么会用绳子和石头，又怎么会雕刻出这样了不起的作品呢？就这样，关于复活节岛上的巨石雕塑作者是谁，他们是怎样雕刻出这样的惊世之作的，到现在仍旧无法解释。

除了对它的作者感到好奇之外，我们也非常好奇石像的作用，就算那个时代拥有雕刻技术，在今天来说，这也是个大工程，那个时候为什么要耗费时间和精力来雕刻这些巨石像呢？法国科学家们找出了一些线索，他们发现岛上有一些原住民留下的木牌，上面有一些文字符号。于是科学家们推测，巨石像当中长耳朵的是印第安人，短耳朵的是波利尼亚人，这些巨石雕像是为了纪念自己的首领和已故的酋长，这些死者化成神灵，附着在石像上，保佑人民风调雨顺。而且传说曾有人在登录这个岛的时候看到岛民对石像进行跪拜，所以这些石像应该是他们崇拜的天神的化身。不过这种说法依旧缺少实际依据，难以服众。

历史总有我们看不到的一面，也正是这神秘的一面，引导着我们不断向前，解开更多的奥秘。也许有一天，你会成为解开谜题的那个人。

巨石阵

你有没有做过令人难以理解的行为？在历史当中，有很多人做过我们无法理解的事情，所以才有了许许多多的疑团。但是在我们难以令人理解的时候，我们会加以解释，在历史当中如果有哪些无法解释的事情，恐怕就只能成为历史当中的疑团了。

在距离英国首都伦敦200公里外的索尔斯伯荒原上，伫立着20多块长方形的巨石。这些巨石每块都有好几米高，重量平均下来每块石头应该有30吨左右，这些巨石围城了一个直径约为30米的圆形巨石阵。这些石块和建造房屋的石块不同，看起来非常天然，但是却有明显的人工移动痕迹。有些相邻的两块巨石上方还有一块巨石的门楣，和下方的巨石又构成了一个圆圈形状。

显然，巨石阵是我们看上去很难理解的建筑，说它是建筑，未免太过粗糙，但如果说不是，又很明显是有人故意而为之的。通过考古学家的研究，证实这些巨石建造年代距今已近4300多年了，而且并非是一个阶段内完成的，根据建造时间，可以将巨石阵分成三个施工阶段。

第一阶段大概在公元前2800年，这个阶段巨石阵的雏形建立了出来。人们挖出了一道环形的沟壑，并在沟壑的外侧斜置了一块巨石，内侧挖了很多埋放巨石的土坑；800年之后，巨石阵的第二阶段才开始，这个阶段主要是对巨石阵的入口进行改造，另外人们还修建了通往石柱群中央的道路；第三个阶段是公元前1000年左右，经过了这个阶段的完善，我们才看到了巨石阵如今的格局。

在几千年前，人们是用什么方式移动巨石并摆放它们的呢？又是如何将巨大的石楣放到石柱上的呢？我们都知道，在那个年代根本没有起重设备，想要移动几十吨重的巨石根本就是天方夜谭，更不要说将巨石举到几米高的地方了。于是有人针对这种不合理的情况提出了更加不合理的说法，比如这个巨石人是巨人的遗迹，或者有人干脆说这是天外来客创造出来的。

对于没有认证的事情我们自然无法相信，巨人在历史当中并没有真正的存在过，因此我们不可能相信，至于外星人的说法，只要外星人的存在没有确凿的证据，我们也不能相信这种可能。只是巨石阵实在是太神秘了，让我们难以对其进行解释。巨石阵的建造年代比古埃及的金字塔还要久远，而且巨石阵建造的地方并不是巨石的产地，巨石阵的石料是距索尔斯伯荒原200千米之外的马尔博丘陵砂岩以及威尔士丘陵蓝灰砂岩。在没有汽车也没有起重机的情况下，人们是如何将这些巨石搬运了200公里的呢？这些都需要我们进一步探索才能接近答案。

不过我们最不能理解的还是人们劳心费力建造的这个看不出功用的巨石阵究竟是个什么建筑。于是针对这个问题，人们又纷纷猜测起来。

有人认为巨石阵很可能是当时的天文观测器，因为这个巨石阵的摆设实在是太特别了，马蹄形的开口正对着仲夏日出的方向，在巨石阵东北侧还有一条通道，这条通道中轴线上的巨石每年冬至和夏至时的日出都会隐没在这块巨石之后。如此巧合的事情，让人们怀疑它也许就是一个天文观测器。而且在20世纪中叶有天文学家进行了测算，结果发现巨石阵的排列很可能和太阳以及月亮在天空中的运行位置有关。只是这样先进的技术，在那个洪荒年代有可能实现吗？如果它真的是这个用途，那么当时的人们是怎样发现的呢？我们无法为这件事找出合理性，自然也无法确定这个说法是正确的，即便它确实和天体运行有关，在没有确凿的证据之前，我们也只能将其当作一种巧合。

不过有些人从合理的考虑出发，认为巨石阵很可能是当时人们狩猎的一种特殊装置。它建成于新石器时代，所以有些专家认为这是猎取猛犸象、犀牛、熊等大型猛兽的机关。而且虽然现在只剩下巨石，但专家们认为在建造之初，这个设备一定还有很多骨头、兽皮等部件，只是在岁月的流逝中这些早已经灰飞烟灭了，所以留下的巨石阵只是狩猎装置的基本“骨架”。它的样子很可能是一个院子，被巨石柱围绕着，在两根巨石柱之间有一个可以通过猛兽的洞口，在洞口上方则是一块用木棍支撑的几十公斤的大石头。当猛兽通过的时候，木棍被触碰，石头就会掉下来，告诉人们野兽入瓮了。当野兽进入院子内侧，就会有人操纵绳子使得石头砸向野兽，最终捕获野兽。不过花上几千年来建造一个捕猎设施，未免有些太过夸张，所以这个说法也有人质疑。

还有一种说法最常见，就是这个巨石阵和很多古代遗址一样，是用来祭祀的宗教场所，这也是最容易被人们接受的，毕竟在那个崇拜天神的年代，一个祭祀场所是非常有必要的，这是一种最原始的崇拜。只是这个说法也只是猜测，没有实际依据。

可惜，我们至今仍未解开巨石阵之谜，而巨石们就像是沉默的巨人一般，矗立在荒原之上，任凭我们如何难以理解，它也不曾向我们展示过自己的用途。也许解开这个秘密唯一的途径就是对其继续进行研究了。

秦始皇陵

在这个世界上，很多古国的统治者都非常看重自己的陵墓建造，他们希望自己在死后能够在另一个世界继续统领千军万马，能够将数不尽的金银财宝带入另一个世界。于是，很多统治者在活着的时候就开始着手建造自己的陵墓，一个个如同现实宫殿般雄伟辉煌的陵墓被建造出来，似乎陵墓的豪华程度与规模大小，代表了统治者的身份与地位。

金字塔是一个代表，秦始皇陵则是我国陵寝文化中不得不说的一个代表。秦始皇统一六国，是我国历史上首位皇帝，而他的陪葬品——兵马俑，更是凭借着超高的建造技艺和无与伦比的规模被称作“世界第八大奇迹”。

但兵马俑只是秦始皇的陪葬品，和秦始皇陵相比，它的规模不值一提。《史记》当中是这样描述它的：秦始皇13岁继位开始便着手修建自己的陵寝了，历时37年，直至其去世时才建成。为了建造自己的陵寝，动用了72万人的劳力，整个陵墓位于临潼县城东，背靠骊山，面临渭水。

根据考古学家的探查，秦始皇陵之所以修建了37年，完全是有可能的，并不是那时人们的效率低下，而是秦始皇陵实在是太宏伟了。经勘查，整个皇陵就像一个地下城。占地57平方公里，而且有内城和外城，内城周长2.5公里，外城长6公里。在陵寝的东侧1500米处是兵马俑坑，而西侧则是陪葬坑和刑徒的墓地。在西北部，是当时陵墓的石料加工厂，而南边甚至还有一道1.5公里长的人工堤渠，用以防止洪水损坏陵墓。而且据史料记载，秦始皇陵在地下很深的地方，而且内部还有融化的铜水灌注加固，不仅陵墓当中有宫殿和百官的位次，还有大量的金银珠宝，甚至于陵墓中有长燃不灭的蜡烛，还有水银制造的江河湖海。为了防止盗墓贼，陵墓当中还有很多暗器机关。

对于这些说法，我们只能用想象来满足了。因为虽然秦始皇陵的地点已经找到，但是其规模之大实在难以完全挖掘，而且现如今陵墓当中的具体情况我们还不得而知，也不能贸然挖掘进入。如果挖掘出来，空气进入，就会对这个奇迹造成损毁。现如今科学家能做的也只是通不过高科技手段对这个陵墓进行探测，但是这也不能解开秦始皇陵的疑团。

秦始皇陵封土堆积成金字塔形，高76米，长和宽约350米，如果堆成这样的规模，那么需要封土的体积自然不必说了，这么多封土从哪里来呢？有人认为这些封土是经过处理后从咸阳运过来的，也有人认为是从骊山运来的，也有人相信封土用的就是挖掘陵墓时的土，最终再填回去。不过在没能对其进行进一步勘测之前，还不能妄下定论。

另一个让人们疑惑不解的是秦始皇说过这样一句话：“再旁行三百丈乃至。”这句话是李斯向他报告地宫已经挖好后他说的。有人认为秦始皇说这句话只是为了混淆视听，让自己的地宫位置更加神秘，以避免有人盗墓；也有人认为他这么说是地宫的挖掘位置比最初的计划北移了三百丈，因为原计划挖掘地宫的位置可能有很多砾石，不便于作业，所以最终不得不改变地点。不过不管目的为何，科学家已经通过现代手段探测出了地宫的确切位置，只待技术成熟后对其进行挖掘了。

不过虽然找到了地宫的位置，但是陵寝中司马道（古时候为君主死后专门修建的道路）的走向还未探测出来，有人认为是东西向，也有人认为是南北向。

关于秦始皇陵的传说和故事还有很多很多。在历史上，秦始皇陵曾被火烧过，有人认为这是项羽所为，因为历史上有项羽火烧阿房宫的记载，而在对皇陵的挖掘过程当中，也确实发现了大面积的火烧土，但这并不能证明项羽曾经火烧秦始皇陵，因为陪葬坑中的珍宝依然在，而且保存完好。也有人认为这是一种祭祀方式，不管结果是什么，一切还有待秦始皇陵真正被挖掘出来那一天揭晓。

古罗马斗兽场

我们今天休闲娱乐的方式有很多种，但是在很久以前，人们的娱乐非常有限，于是人们想了各种各样的办法来让自己开心，其中有些在今天看来却是非常血腥的，比如古罗马斗兽场。

古罗马斗兽场也许是古罗马最具代表性的一个建筑了，在古罗马的很多城市当中，都有斗兽场的存在。其中最著名的罗马大斗兽场是公元82年建成的，历时10年。这样一个大规模的建筑，据说是罗马帝国为了纪念胜利战败耶路撒冷而动工的。当时建造这个斗兽场动用了8万多犹太俘虏。

这个斗兽场选址在金宫原址上，这个宫殿在公元64年的火灾中被烧毁，所以这个斗兽场才得以展现在我们眼前。只是比起那些我们没能见到当年风采的古建筑来说，不能见到古罗马斗兽场曾经的辉煌对于我们而言实在是一件幸运的事情。

因为虽然古罗马贵族非常喜欢看角斗，但这种娱乐方式是非常血腥而残酷的。所谓的古罗马角斗，就是将狮子、狼一类的野兽和人同时关在竞技场当中，要么人杀掉野兽出来，要么人成为野兽的腹中餐；而人与人之间的角斗也是一样——只有活着的那个人才有权利离开斗兽场！

只要进入竞技场，就只能搏命，不生则死，很残酷。据说罗马帝国的提图斯曾经举行过一场为期100个昼夜的角斗狂欢。在这100天当中，有5000只可悲的野兽命丧刀下。但这还不是最夸张的，在提图斯之后，一个名叫图拉真的人刷新了纪录，举办了为期117天的角斗，在这次角斗当中牺牲的角斗士有9000人，死去的动物更是上万！

而参与角斗，供人们观赏的角斗士们很多都是奴隶和战俘，他们没得选择，唯有通过拼杀而给自己留下一条生路。好在如今这项可怕的野蛮活动已经消失了，古罗马斗兽场上也没有血的痕迹了。

如今再看这个斗兽场，就像看普通的古迹一样。整个斗兽场分为指挥台、竞技场和观众席三个部分。在竞技场当中还有一层用沙子覆盖的木地板，这种设计可以防止角斗士们在角斗过程中失足跌倒，即便跌伤了，沙土也能吸收鲜血，便于打扫。这样说可能有些残忍，但在那个时代，就是这样的。

在竞技场的下层是迷宫一样的通道，这里还装有机械装置，以便在野兽和角斗士不愿进场的时候加以驱赶。观众席是分区的，身份和等级不同坐的位置也不一样，最靠近竞技场的是皇帝和女祭司的区域，往上是元老院和贵族的专区，再往上是平民专区，在这个等级森严的社会当中，每个人都要严格遵守秩序。观众席上方还有吊挂着的天篷，用来这样，天篷们由水手操控，在该通风的时候还要通风。

这样人性化的设计让我们对古罗马的建筑艺术抱着仰视的态度。事实上，我们今天的很多大型体育馆都参照了古罗马斗兽场的设计，不管是从实用性还是艺术性来看，这样的设计都是不落俗套的。只可惜，现如今的斗兽场已经残破不堪了，只有大半个骨架向我们展示着它曾经的雄浑壮丽。

不过只剩下了一部分也足以让我们对它进行了解。这个斗兽场占地30

亩，外面是57米高的围墙，总共分成四层，墙外是大理石包裹，下面的三层每层都有80个圆拱，在上面的两层还有80个窗洞，当时观看角斗就像我们今天去电影院看电影一样，要按照自己的编号对号入座。整个斗兽场能够容纳9万多名观众，下面的竞技场差不多有一个足球场的大小。

这样一个巍巍壮丽的建筑究竟是怎样被损毁的呢？我们都知道，公元7084年，日耳曼人攻占了罗马，就是这个时候，他们洗劫了罗马，破坏了斗兽场，因为斗兽场的大理石被他们当作建筑材料挖走，使得这个斗兽场只剩下了断壁残垣。

不过我们也可以试想一下，如果它保存完好，没有一丁点损坏，那么人们是否还会利用这个场地，进行那些血腥而残酷的比赛呢？日耳曼人进攻罗马或许也是残忍的，但是如果他们没有洗劫罗马，那么角斗文化又会持续多久呢？

中篇

即将消失的地方

第五章 在“风云突变”中挣扎的城市

世界上有很多美不胜收的地方，可是我们或许很难想象，这些地方现在也在面临着消失！风云突变，它会和历史古城一样，淹没在风雨中吗？

爱尔兰的历史书——米斯郡

随着人类文明的不断发展，人们建造了一个又一个繁华的城市。有些城市是新兴的现代化城市，也有一些是保留着历史遗产的古都，这些都让我们看到生活的多面性。你是否有想过，即便是现代的城市，也有可能和古代那些繁盛一时的城市一样，有一天会消失呢？

确实，随着人类科学进步，我们已经掌握了很多先进的技术，但是当地球和大自然发怒的时候，我们仍旧无法控制，有一天，也许那些曾经繁华的城市也会消失在我们眼前。而且，或许就在不久的将来！

你知道爱尔兰吗？爱尔兰是西欧的一个国家，就这个国家而言，相比经济，环境更是他们炫耀的资本。爱尔兰全国绿化面积很大，河流纵横，全国草地遍布，而且爱尔兰人非常注重保护自然环境，这也使得他们赢得了“翡翠岛国”的美誉。

可是谁又能猜到，就是这样的一个国家，竟然也有可能消失的地方，那就是米斯郡。

米斯郡，也被人称作“皇家郡”，位于爱尔兰东部，隶属伦斯特省，面积约2389平方公里，人口大概有8万左右。米斯郡主要经济结构有畜牧业和农业，农业主要依靠博伊恩河的水源进行灌溉。同时，米斯郡也是爱尔兰重要的马铃薯产地。自17世纪马铃薯从南美引进之后，米斯郡就开始大量种植这种作物了。不过，过度依靠马铃薯种植业曾给米斯郡以及爱尔兰招致灾难。在1845年的时候，米斯郡爆发了马铃薯晚疫病，进而导致了爱尔兰的大饥荒，在短短5年时间里，造成了150万人死亡，上百万人移民。

米斯郡面积并不大，但是历史却非常久远了。米斯郡之所以被人们称作“皇家郡”，就是因为米斯郡在古代的时候曾是一个古国，在爱尔兰的历史上占有重要的地位。现在米斯郡还保留着很多古遗迹。

在诸多古迹当中，有些建造于公元前3500年的巨石古墓，也就是说，这些古墓的历史比埃及的金字塔还要久远。

除了巨石古墓之外，城堡也是那里的重要古迹，比如雄踞要塞的约翰国王城堡、建于16世纪的塔菲城堡等等。

然而，这些古迹即便被保护的很好，也极有可能在未来的几十年中消失。因为现在全球环境恶化，已经影响到了爱尔兰。虽然现在还不太明显，但是根据专家的预测，在未来的45—65年的时间里，爱尔兰夏季的平均气温将高出现在基准的2.5℃—3.5℃。除了气温升高之外，全球气候变迁会让爱尔兰夏秋两季的雨量减少1/4，整个东部，包括米斯郡在内，雨量甚至会比如今减少40%。而米斯郡作为爱尔兰重要的马铃薯产地，很可能会因为水源不够而无法继续发展农业，即便米斯郡不会像很多古城一样突然消失，但如果某天这里失去了经济价值，失去了人们赖以生存的资源，那么它很可能会被人们抛弃，连同当地的古迹，成为荒无人烟的历史遗迹。

动物的乐园——马赛马拉

非洲在你的眼中是什么样子的？有很多贫困的国家，同时也是世界上最大的野生动物乐园。说到非洲大草原，我们的脑海中就会浮现出成群的斑马，悠闲地吃着树叶的长颈鹿，还有飞速奔跑的猎豹……

可以说，非洲是动物的乐土，也是地球上少有的净土，因为那里保留着让我们心旷神怡的原始状态。肯尼亚就坐落在非洲东部，这个国家很特别，赤道从它的领土中穿过，东非大裂谷贯穿了肯尼亚的南北。

不过我们着重要说的并非是肯尼亚这个国家，而是肯尼亚的马赛马拉国家保护区。马赛马拉位于肯尼亚西南部，和坦桑尼亚的塞伦盖蒂动物保护区相连。马赛马拉的历史并不算悠久，从1961年开始兴建，面积大概有1800平方公里。

对于野生动物来说，马赛马拉是他们的乐土，在这片地域有450多种鸟类和90多种哺乳动物，而且数量非常庞大，可以说马赛马拉是世界上最好的野生动物保护区之一，在这里有一个比较理想的生态圈。

马赛马拉野生动物自然保护区与坦桑尼亚的赛轮盖提国家公园之间就隔着一条河，虽然是两个国家，但是动物过界是不需要护照的，它们每年9月到次年1月之间都会在两个公园之间进行大迁徙。

每到迁徙的季节到来，如果有幸到那里旅游的话，就会看到成群的大象、狮子、猎豹、水牛和犀牛，更别提那些每天不管日夜都在草原上徘徊的河马、羚羊、长颈鹿了。

在马赛马拉野生动物自然保护区，衍生出了人与动物、人与自然和谐共处的原始文化，如果厌弃了城市的嘈杂和喧嚣，那么在马赛马拉一定能够找到最原始的宁静。当然，在马赛马拉即便能与动物和谐相处，也得小心不要侵犯到它们的“隐私”，太过靠近了还是有危险的，比如马拉河中的鳄鱼和河马，也是比较危险的动物。

不过这都不能阻止游客前来观赏，似乎只有在这里，人们才能找到被污染的世界上难得的净土，只有在这里，才有深处自然的愉悦感。尤其是迁徙的季节，看成千上万的角马、羚羊奔跑，看悠闲的大象和犀牛闲逛，还有周围虎视眈眈的猛兽，这样的景象，或许只有在动画世界中才可能存在一样。

马赛马拉国家公园之所以会有动物迁徙这样的大规模活动，是因为这里有明显的旱季和雨季的分别，到了干旱的季节，这里水源不足，动物们便开始迁徙；随着雨季的到来，草原上又会显现勃勃生机。

除了国家公园之外，一些古老的村落也是马赛马拉的特色，毕竟这些非物质文化遗产是靠人们世代传下来的。我们都知道，在非洲有很多原始部落，走进这里，我们就能够看到最自然，最原生态的生活，和我们每天面对的车水马龙是完全不同的。马赛的村落是马赛族人引以为豪的文化，他们很可能是这个世界上最原始的聚居部落，不管时代怎么变迁，他们都保留着以前的生活习惯，他们与世无争，穿着最简单的衣服，过着最简单的生活。对于他们而言，现代的一切都不是他们生活中该有的，就算我们平时常吃的薯片，那里的人也很可能从没见过。

世界上这样一片净土有没有可能消失？很可惜，答案是肯定的。因为这里之所以能够与世隔绝，全在于这里有一套自给自足的生态系统，稳定的气候以及固定的雨期让动物们有了迁徙的生物钟，人们也可以安居乐业。但现在全球气候变暖影响的不仅仅是城市，而是整个地球的气候环境，马赛马拉也不例外。全球变暖让这里的气候也产生了变化，而且日趋极端，甚至难以把握。现在马赛马拉的野生动物保护区也将受到威胁，也许用不了多久，这里的动物就会受到极端气候的牵连，到了那个时候，世界上也许就再也没有这样一个动物乐园了。

沙漠里的繁华——廷巴克图

如果你要建立一个人后繁盛的城市，会选择哪里呢？历史上，人类文明都是在河流附近开始的，人们喜欢在水草丰美的地方建造城市，然后发展经济。按照这个标准来选择建城地址的话，没有人会选择沙漠，毕竟沙漠环境对于人们而言实在是太恶劣了。

可似乎，在马里就有这么一个奇怪的城市，它叫廷巴克图，也叫“丁布各都”，现在人们都称其为通布图，不管它有几个名字，这座城市都坐落在一个地方，就是西非尼日尔河岸边，撒哈拉沙漠当中。

这个城市人口不多，现在不过几千人，但这个小城却在马里的历史上有着重要的位置。它在非洲第三大河尼日尔河附近7公里的地方，在尼日尔河河道与萨赫勒地区陆地通道的交汇处，在11世纪由图阿雷格人建立。

虽然出城就是看不见尽头的撒哈拉大沙漠，但是独特的地理位置让它在历史上成为沙漠当中最重要的城市之一。在历史上，廷巴克图历经了不同王国的统治，但不管主人是谁，它贸易重镇的地位都不曾变过。在200多年前，西方人还不了解撒哈拉沙漠地区，但是却知道它的名字，由此我们便可以知道，廷巴克图这个小城究竟有多了不起了。

当时，在大航海时代，西方探险家喜欢驾船前往各个富庶地区进行掠夺，但是廷巴克图附近并没有海域，却仍旧让西方探险家前仆后继。如果没有廷巴克图，那么整个西非地区的历史或许都会被改写。

那么当时的图阿雷格人是怎么想到在这里建立城市的呢？图阿雷格人是西非著名的游牧民族，在10世纪的时候，有一些路过的商人和游牧人发现了这里，然后在这里开凿了一口水井。之后，就有一个名叫布克图的妇人来了，她一边守着水井，一边为南来北往的人提供食宿，在这个过程当中，图阿雷格人和布克图结交了深厚的友谊。有时他们在南下贸易的时候总会在返回时将财物寄放在布克图那里，回到家图阿雷格人就会说东西在“丁布克图”，意思就是在布克图家里，久而久之，水井这个地方就被人们称作廷巴克图了。

虽然深处沙漠之中，但廷巴克图水草丰美，交通便利，越来越多的图阿雷格人经过这里，他们发现这里是一个不错的贸易中心，可以倒卖周围许多地区的物产，于是在11世纪末，他们以水井为中心，建立起了廷巴克图镇，不过那个时候虽然人多，这个小城人口还是不足200人。

当时的廷巴克图也只是一个小镇，隶属于加纳王国，虽然现在的加纳已经衰落，甚至很少有人了解，但是曾经的加纳可是有佣兵40万的西非第一大国。不过在廷巴克图建成的时候加纳就已经开始衰败了，廷巴克图是个富庶的地方，那里的人们不愿意臣服于加纳，因为按照当时的法律，赚来的钱多半都会进入国王的口袋。就在这个时候，加纳王国的王权产生了变动，廷巴克图也在战火中飘摇。经过几次战争之后，加纳王国瓦解，幸好廷巴克图挺了过来，成了自治城邦，之后便被纳入了马里的版图，它的辉煌也由此拉开了序幕。

比起军事作用，廷巴克图的文化和经济作用更大。曾经是重要的贸易中枢，同时也是伊斯兰文化传播的非洲“根据地”。因此，在廷巴克图有很多伊斯兰风格的建筑。不过这个马里重要的文化贸易中心没少遭受灾难。这个城市如今的样子是多次重建之后才有的，它虽然历史悠久，但经历过许多次战争的毁坏。最近的一次就在2013年，玛丽北部的一些极端势力烧毁了这个城市的好几座建筑，其中甚至包括一座藏有千年历史手卷的图书馆！

由此我们可以看出，这个城市就像一个蹒跚学步的孩子，摇摇晃晃，好不容易走到今天，是一种幸运，同时也让我们担心。幸运的是在各种各样的战争中它没有毁灭，担心的是不远的将来它会从地球消失。

因为现在土地荒漠化日益严重，很多沙漠中的绿洲都已经消失了，让我们不得不去担心，这个有着千年历史的城市最终是否也会被黄沙掩埋。这种担心并不是空穴来风，而且威胁就在眼前了，因为如今的廷巴克图地区已经半埋于黄沙之中了，所以也许就在不远的将来的某一天，我们将再也见不到沙漠中的繁华了。

七山之城——安曼

在亚洲西部，阿拉伯半岛西北部，有一个不大的阿拉伯国家——约旦。约旦只在南部有极短的一段海岸线，因此算是一个内陆国家。我们都知道，内陆国家通常都比较缺乏水资源，约旦也不例外。

它与伊拉克、叙利亚、以色列和沙特阿拉伯为邻，相比周边国家约旦的政治和经济、文化方面相对都要稳定，而且虽然缺少淡水资源，石油资源也不及周边国家丰富，但是凭借着旅游业，还是让约旦人民过上了富裕的生活。

安曼作为约旦的首都，除了是约旦的政治、经济、文化中心外，还是约旦重要的旅游胜地。它有着非常独特的地理位置，和那些坐落在平原上的城市不同，安曼是一座历史悠久的山城，它位于阿杰隆山脉东部的丘陵地带，七个山顶相连组成了这个城市。不过随着城市建设，1967年巴勒斯坦的移民增加，安曼也不断向周围丘陵地带扩张，现如今它已经盘踞14个山头了。

安曼大约有220万人口，也是约旦最大的城市，除了约旦大部分的工业部门在这里之外，安曼还有许多不容错过的美景。温度宜人，使得这里自然景色充满魅力，作为一个历史古城，安曼又融合了传统和现代两种元素，使得这里有许多美丽的古迹，也有漂亮的现代化建筑。

在历史当中，安曼曾被许多不同的民族统治，这也留下了很多不同风格的建筑。就算不去旅游景点，只是在街道上漫步，也足以感受到扑面而来的民族风。安曼的街道上时常有骆驼和汽车同时出现，有人穿着现代的西装，也有人穿着传统服饰，走在街头，就像在过去与现代之间穿梭一般。

在安曼的街道上，还有许多具有当地特色的小吃店，烤羊羔肉是当地的特色，就像是北京的北京烤鸭一样，非常吸人眼球。不过，到安曼感受民俗风情确实不错，到那里去著名的景点观赏也是必不可少的。

在安曼的很多古迹当中，我们都能够感受到历史的厚重。马卡鲁斯城堡就是其中之一，这个在公元前1世纪由犹太王建立的城堡坐落在山顶之上，在这个城堡里可以俯瞰到约旦河谷以及死海的景色，在天气晴朗能见度高的时候，甚至可以远眺耶路撒冷。不过马卡鲁斯城堡如今已经残破不堪了，我们也只能通过断壁残垣来想象它曾经的雄壮和繁华了。

马卡鲁斯城堡只是安曼诸多城堡建筑当中的一个，除此之外，还有阿姆拉城堡、阿兹拉克城堡、安曼国王宫等等许多宫廷建筑。

除了宫廷建筑，一些公共设施也是值得一看的，比如古罗马剧场。在历史当中，安曼曾被罗马帝国统治过300年，这使得如今的安曼也有很多古罗马遗迹。那个时候，喜欢享受生活的罗马人建立了很多剧场类的公共设施，安曼也有一座，这个古罗马剧场坐落在老城区，大概在公元2世纪建成，整个剧院依山而建，能够容纳6000人！

除了人文景观，安曼的自然景观同样迷人，有著名的马茵温泉、约旦峡谷……

安曼虽然面积不大，但包含了无数人类和自然的奇迹，如果这样的一个圣地消失了，会是怎样一番景象？事实上，这是很有可能的事情。之前我们就已经知道了，约旦是一个内陆国家，水资源并不丰富，安曼坐落在山上，也是如此。安曼的主要水源来自约旦河，但是近几十年来，约旦河的水流量有下降趋势，再加上温室效应造成的高温、降雨减少，使得安曼水资源稀缺，如果有一天这里不再有供人们生产、生活的用水，那么安曼自然也就不复存在了。

除了生活在那里的人会遭殃，安曼的穆吉布自然保护区的动物们也会受到牵连。如果真的到了那一天，也许约旦离消失也就不远了。

云雾之乡——乞拉朋齐

你对印度的了解有多少呢？我们知道，印度是仅次于中国的人口第二大国，和中国一样，同为四大文明古国之一，有着悠久的历史，也有不输中国的璀璨文化。佛教从印度起源，宝莱坞电影驰名世界……

印度面积排名世界第七，也算得上地大物博了，在这样的一个国家，东北部坐落着一个叫作乞拉朋齐的城市，它在布拉马普特拉河南边的卡西山地南坡的山坳当中，是一个降水颇丰的城市。它的降水量多到什么程度呢？根据19世纪60年代的统计数据，这里的年降水量超过了2万毫米！在20世纪60年代，乞拉朋齐甚至超越了自己的纪录，年降水量达到了26461.2毫米！要知道，这在世界上是没有一个地方可以与之并肩的。26461.2毫米是个什么概念呢？举个例子，这比我国北京42年降水量的总和还要多。

你或许会好奇，乞拉朋齐降水量这么大，那里适合人类生存吗？答案是肯定的，在乞拉朋齐，生活着很多卡西族人，不过乞拉朋齐的人口并不多，只有6000左右。因为这里降水量很大，还有很多低洼的地方，所以形成了许许多多的河流。因此在乞拉朋齐有很多桥梁，但和我们所知的那种钢筋水泥桥不同，当地人建了许许多多的树桥，这也是当地的一种特色。

在乞拉朋齐有一种叫作印度榕的树，根系非常发达。当地居民就是利用了印度榕的这种特点建造树桥。他们会在河岸边找一棵印度榕，或者种上一棵，然后将槟榔树的树干从中间挖空，形成一条管道，搭建到河对岸去。这样一来，印度榕的次生根和侧根就会沿着槟榔树的管道一直生长，直到长到对岸的土壤中，抓住对岸的土壤，然后继续生长，如此一来一座树桥就形成了。

虽然听起来很危险，但实际上这种桥能够承载几十个成年人的重量。这种种出来的树桥和当地的自然景色融为一体，还满足了人们的日常需求，可以说是当地居民在漫长的成产生活当中的智慧和经验的结晶。而且印度榕这种植物非常特别，和我们人造的会老化的桥梁不同，印度榕树桥只要树没有死，那么树桥就会在印度榕活着的时候进行自我修复和不断成长。当地最古老的树桥已经有了500年以上的历史了！

不过树桥也不是没有缺点的，因为这种桥可以说是自然形成的，所以需要很长的时间，想要建造一座树桥，往往需要十几年的时间。不过这也是没有办法的事情，因为乞拉朋齐的地理环境非常复杂，而且工程技术也比较落后，所以当地人才不得不使用这种桥梁。

乞拉朋齐独特的景色和这里原生态的环境得益于这里惊人的降水量。但是乞拉朋齐并不如我们想象那样，终年多雨。或许你听过地形雨这个概念，乞拉朋齐的降水主要就是地形雨，在每年的6月到9月，从印度洋来的暖湿季风被卡西山地阻挡，然后被迫上升到1300多米的高度，遇到冷空气后凝结成水滴落到地面。这就是乞拉朋齐形成降水的原因了。

不过，虽然乞拉朋齐降水量奇多，但是也只集中在3—10月份，这7个月的降水量占年降水量的98%左右。其中6、7月降水最多，占了一年降水量的一半。11月到次年2月，乞拉朋齐会进入干燥期，也就是说这5个月基本不会降水。因为当季风过后，这里就没有暖湿气流了，所以降水量也会锐减。

你或许觉得降水不平均也没有什么关系，但事实并非如此。这里的居民也面临着严重的缺水危机。是不是很难相信？世界上降水量最大的地方竟然会缺水？但事实就是这么残酷。因为随着气候变暖和污染加重，导致了气候发生变化，再加上人们过度砍伐森林，使得土地失去了保水的能力，当地人也没有储水设施，使得干旱的季节到来时甚至需要步行到几千米之外的地方去运水才能维持正常生活。

从另一个方面来看，乞拉朋齐有许许多多的瀑布，使得这里时长在云雾缭绕当中，宛如仙境。但现如今瀑布的数量已经明显减少，干旱的时间也越来越长，很难说未来的某一天这个云雾之乡是否会失去云雾那层美丽而又神秘的面纱。

得天独厚的首都——加拉加斯

你或许没有听过加拉加斯，它也被称作“卡拉卡斯”，是拉美国家委内瑞拉的首都，也就是说，它是委内瑞拉政治、文化和经济中心。

加拉加斯是委内瑞拉最大的城市，它就坐落在加勒比海边的卡拉卡斯谷地，面积约为77平方千米，人口大概207万。这个始建于16世纪中期的城市虽然历史算不上很久远，但是已经遭受过很多次破坏了。不过并非是人为性质的破坏，而是这里总遭受地震的“骚扰”。

加拉加斯可以说是一个群山围绕的城市，虽然坐落在热带，但是由于922米的高海拔，还是让这里能够有一个舒适的温度环境。我们都知道，热带终年炎热，加拉加斯终年的气温也很稳定，但是由于地势较高，所以终年气候温和，年平均气温在21℃。不过这里分旱季和雨季，在旱季的时候少了雨水，白天还是有一点点炎热的。

加拉加斯号称是“美洲大陆上得天独厚的首都”，之所以有这样的一个称号，实在是因为它的地理环境太优越了，在这里可以躲避热带的高温，可以一年四季生活在春天里，同时，也可以看到热带海滩独有的风景，这样特别的城市，可能世界上也没有第二个了！

或许正是这样独特的条件，才使得这个城市快速的发展了起来，成为拉美地区比较发达的城市之一。加拉加斯经济发达，石油是主要产业，因此，当地的汽油都非常便宜，加拉加斯拥有汽车的家庭也非常多。

就像所有的首都一样，加拉加斯的经济部门有很多，在委内瑞拉大规模的企业有25家，其中的19家都在加拉加斯。这个城市可以说是随着石油工业的发展而成长起来的城市，现如今加拉加斯已经有许多工业部门，再加上便利的交通条件，使得这里金融业和商业都非常繁荣。

便利的交通也给这里的旅游业带来了勃勃生机。在这里，除了能够欣赏美丽的热带海滩之外，还可以找到很多景点。虽然加拉加斯的历史算不上那么悠久，但是城市建设非常有特色。历史上，委内瑞拉曾被西班牙殖民统治过一段时间，因此加拉加斯有很多殖民时期的建筑，不过并不多，因为在1870年的时候这里进行了改建，有很多殖民时期的建筑都改成了法国风格的建筑。

加拉加斯的城市分为新城区和老城区两个部分。在老城区当中，利瓦尔广场是其中心，在广场中央，是委内瑞拉独立英雄西蒙·玻利瓦尔的青铜像，还有委内瑞拉的国会大厦。周围有内阁大楼和总统府，除了这些现代化建筑之外，古迹更多一些。新城区则向我们展示了加拉加斯的现代，许许多多的现代大楼拔地而起，还有很多街心公园。

传统与现代相交汇，自然和人文融合到一起，让这个城市有了多种多样的色彩。在众多的街心公园当中，红木公园是最大的，这个坐落在两条高速公路交叉带的公园里，绿树成荫，可谓是喧嚣之中的一片净土。

当然，加斯加拉的景点远不止这些，用文字描述也显得苍白，只有身临其境，才能感受那里的美妙。许多游客都向往着那里的生活，但是在加拉加斯生活的400万居民却没有我们想象中那样惬意，因为有一半以上的居民都生活在郊区的山坡上，而这里在大雨过后非常容易有滑坡，而且这个问题已经困扰了当地居民很多年了。除了这个问题之外，还有山洪和风暴等自然灾害，在1999年最严重的一次风暴和山洪当中，有3万人失去了生命……

这些是生活在安逸环境当中的我们很难想象的，而且根据专家推测，这并不是加拉加斯的结局，因为未来种种原因，会有很多风暴、山洪等极端天气会袭击这里。如果自然灾害越来越频繁，也许我们将再无机会到那里去体验不一样的热带风景了，就连当地居民，也许也不得不放弃自已的家园。到了那个时候，加拉加斯或许就只是历史中的一个遗迹了。

白银之国——洪都拉斯

你知道世界上有多少个国家吗？也许很多人可以回答出来数字，但是背不出所有国家的名字。在美洲，除了我们知道的美国、加拿大、墨西哥、哥伦比亚等比较出名的国家之外，还有很多比较小的国家，也许你从未听说过。洪都拉斯就是美洲比较不起眼的小国之一。

洪都拉斯，全名为洪都拉斯共和国，它就坐落在中美洲，和萨尔瓦多、尼加拉瓜遗迹危地马拉相邻。国土面积大概有11.2万平方千米，从面积来说，这个国家并不算大，在世界所有国家面积排名中排第101位。但是洪都拉斯的矿产资源非常丰富，尤其是白银，洪都拉斯的白银蕴藏量在中美是首屈一指的。除了矿产资源，其自然资源也非常丰富，因为这里属于热带雨林气候，终年气候温和，降水颇丰，因此有许许多多的树木，将这个国家装点得郁郁葱葱。森林面积约占全国总面积的一半左右，这也为居民提供了丰富的木材资源。

虽说洪都拉斯没那么出名，但是这个国家和许许多多的国家一样，也有值得国民骄傲的旅游资源，大蓝洞就是其中之一。大蓝洞位于伯利兹外海，是全世界最大的水下洞穴。这个洞穴直径有300多米，被称作是“世界十大地质奇迹之一”。这个石灰岩洞穴之所以叫大蓝洞，是因为它深度有145米，使得其呈现出了水的深蓝色。而且值得一提的是，这个洞穴的历史非常悠久了，它形成于冰河时期，那个时候海平面还比较低，随着地势变迁，它才塌陷成水下洞穴。现在，有很多地质爱好者会到那里去参观。

另一个值得一提的是雷奥普拉塔诺生物圈保留地。洪都拉斯是一个自然美景美不胜收的国家，除了郁郁葱葱的森林之外，还有许多珍稀物种，这些动植物就生活在雷奥普拉塔诺生物圈保留地。要想看到那些我们平时看不到的物种，或许也只有到那里才能看到了。毕竟那里的动植物种类有2000多种。

怎么样，听起来是不是很像一个世外桃源？可现实是有些残酷的。虽然洪都拉斯自然景观很多，但这个国家同样深受自然灾害的侵扰。这是因为在洪都拉斯境内有许许多多的山脉，这使得它成为中美洲山脉地形最为显著的国家，虽然地理条件很适合种植香蕉、咖啡，可以给他们带来不错的经济效益，但同时也因为山脉很多，所以这里时常遭受大风的侵袭。在5—7月的这段时间里，海面会形成龙卷风，有时只是带来降雨，但有时也会形成飓风。此地曾好几次遭受飓风的侵袭，1998年，“米奇”飓风袭来，造成了6000人死亡，而且毁坏了这个国家大部分农田和基础设施，堪称是一次灭顶之灾，而且更可怕的是“米奇”飓风还不是最严重的，在“米奇”飓风之后，这个国家还遭受过三次更严重的飓风灾害。

如果没有有效的措施预防或者阻止，也许这个美丽的自然国家早晚有一天会消失在风中……

第六章　未来的“海底世界”

随着温室效应的愈演愈烈，海平面不断升高，越来越多的地区被淹没在了海洋当中，或即将被淹没。未来的某天，地球会不会重新变成一片汪洋呢？

被淹没的陆地

随着温室效应愈演愈烈，我们生活的环境也发生了巨大的变化，除了逐年升高的温度之外，海平面也因为冰川融化而上升。虽然肉眼可见的变化不大，但是对比多年之前，我们就会发现海平面已经上升了很多，如果继续下去，那么未来的某一天，也许很多地势低洼的临海城市都将像传说中的亚特兰蒂斯一样，沉睡于深海。

这并不是不可能发生的事情，事实上，有好几个城市已经有被淹没的危险了！

哥本哈根

在丹麦，有一个重要的商港，就是哥本哈根。它由于在海边的地理优势，在12世纪的时候就已经成为丹麦重要的商业中心了。现在它在丹麦仍旧有着重要的地位。但是不得不说，曾经的地理优势已经在今天变成了一种潜在的威胁，尤其是它那有着历史痕迹的古城，将会有被淹没的危险。因为海平面的上升以及暴风雨造成的巨浪，导致了哥本哈根将面临着重大的损失，还有被淹没的危险。如果不建造更多的防护设施，那么曾经记载了这个城市历史的旧城区可能就成为“水下博物馆”了。

伦敦

伦敦也是一个面临着威胁的城市，这个早在公元前43年就建立的古城，很可能会消失。当时，因为它坐落在泰晤士河边，所以罗马人便因为这种便利建造了它，而且事实证明，这个河边的城市确实非常重要，同时，也因为坐落在泰晤士河边，伦敦才发展起了繁荣的商业和金融业。

但是，随着城市化的不断进步，伦敦不断扩展城市规模，导致了泰晤士河道变窄，而且防洪设施不够完善，虽然现在已经建造了防洪闸，但是根据专家预测，到了2025年，防洪闸很可能失去作用。如果气候变迁继续进行，海平面不断升高，气旋和涨潮态势越来越严峻，那么伦敦的大部分地区很可能会被淹没！

鹿特丹

鹿特丹是荷兰的第二大城市，同时它还是欧洲最大的海港。作为一个交通枢纽，每天鹿特丹都要承受许许多多南来北往的船只，这也使得它成为仅次于上海的世界第二繁忙海港。繁忙为这里带来了经济利益，同时也造成了温室气体排放量的增加，这对于鹿特丹是非常不利的。

因为鹿特丹一半以上的市区都低于海平面，所以这个城市被涨潮威胁的可能性就更大，在它建立之初到现在，几百年里人们不断通过修建堤坝来保护它。其中世界最大的海洋防洪坝——马仕朗防风暴大坝就是这个城市最具代表性的，在2007年，它就出色地完成了任务，抵挡了大潮侵袭。但是让人担心的是这次大潮侵袭要比预期来的时间早很多。随着海平面的不断上升，海水压强的增加，不知哪一天这个大坝就会溃堤，断送鹿特丹的繁荣。

圣路易

非洲有很多贫穷的国家，塞内加尔就是其中之一，然而水患并不会因为哪个地方贫穷就放它一命。圣路易是塞内加尔重要的港口城市，它在大西洋河口处，曾是法国殖民者建立起来的城市。在这里，有很多法国殖民时期的历史建筑，这些都是塞内加尔重要的文化遗产，也因为这些圣路易才得以发展观光旅游业。但是这些并不能从根本上改变当地人的生活，大部分人仍旧过着贫穷的日子，而且河水涨潮和周期性暴雨时常给这个城市带来灾难。当地的穷人通常在河床上盖房子，当洪水和泥石流袭来，这些人便无家可归了。如果海平面继续上升，降雨量不断增加，那么圣路易很可能会遭受灭顶之灾。

曼哈顿

曼哈顿是纽约城中的一个岛，被河流环绕，同时，也是纽约的中央商务区，但是它也遭受着被淹没的威胁。因为纽约是受潮汐影响的低洼地，这里因为哈德逊河而形成了一个天然港口，曼哈顿岛的南端自然就成了海滨区。但是这个海滨区几乎每隔一个世纪就会遭受一次大洪水，现在随着气候变迁，使得暴风雨频发，海平面上升，洪水发生的周期也缩短了。根据专家预测，在2080年之前，可能极端气候事件发生周期将缩短到4年！海平面上升高达10米以上！到了那个时候，纽约将失去曼哈顿！

曼谷

湄南河贯穿了泰国的曼谷，这个号称“东方威尼斯”的城市平均海拔很低，仅仅有2米，所以每到雨季的时候，河水暴涨，整个城市都会遭受洪水之苦。更加糟糕的是曼谷的土壤非常松软，而且地下水的过度开发使得这个城市不断下陷。根据这些条件进行评估，气候变迁以及海平面上升，会给这个城市带来致命的威胁！如果不赶紧采取相应措施，也许在21世纪结束之前，曼谷就将从地图上消失了！

瓦登海

瓦登海是丹麦的一块浅海区域，大概在1万年前因为丹麦地区的冰层融化而形成。雪水向西流到沿海地区，使得淤泥堆积成了新的湿地。这片区域有很多动植物群，它们已经在漫长的历史中习惯了海水的涨潮和退潮，在这里它们找到了家园。但是如果全球变暖的态势继续严峻下去，那么这块湿地将会被淹没，那个时候，也许消失的就不仅仅是一块土地和许多多的珍稀动物了！

看完这些是不是觉得非常吃惊？可能会被淹没的陆地城市竟然有那么多！随着人口的不断增长，我们需要的土地越来越多，但是现在的情况却是海平面上升，土地面积变得越来越少，如果我们不赶紧采取措施，遏制温室效应，那么有一天，也许地球上再也没有陆地了！

“扩张”的水城

海子的诗中有这样一句话：“我有一所房子，面朝大海，春暖花开。”你是不是也曾幻想过这样的生活？再没有比生活在水边更浪漫惬意的事情了。事实证明，人类文明就是从水边开始的，离开水，人们无法生存。

可是，那只是一种美好的愿景，时至今日，在水边生活变得不再那么美好。我们眼中浪漫的威尼斯、马尔代夫，都在承受着将被淹没的威胁。如果水城不断“扩张”，再也没有城市的原貌，只剩一片汪洋，那个时候会怎样呢？

威尼斯

威尼斯是世界著名的水城，同时它也是意大利的一个港埠，在建筑学家眼中，这个城市就是一个奇迹，它的建造师以木桩打入泥地作为根基然后建造起来的。这让这个城市被水环绕，出门就是小桥流水的景象。

但这种浪漫已经变成了一种危险。首先，木桩打入泥地并不安全，在洪水袭来的时候，很容易受到冲击，而且事实证明，威尼斯在不断下沉，在百年光阴中，这个城市已经下降了20度厘米了！

在20世纪60年代，威尼斯遭受了有史以来最可怕的水灾袭击，这次灾难导致了很多古迹被毁。为了避免悲剧再次发生，威尼斯已经开始兴建很多防洪工程了，目前进行的防洪工程也只能抵挡3米高的洪水，如果海平面不断上升，暴雨侵袭，也许3米高的防洪工程也无法保住这个美丽的海滨城市了。

马尔代夫

在我们认知一定会消失的地方里，马尔代夫一定是排在第一位的。就连那些旅游广告上面宣传马尔代夫的广告词也是："即将消失的美丽。"这个坐落在印度洋上的城市是由上千个珊瑚岛和几十个环礁组成的。与其说这个城市坐落在水中，不如说它分散在水中。因为独特的景色让这个城市的旅游业非常发达。但是就像广告中说的那样，这个城市或许已经走向末路了。

马尔代夫大部分陆地海拔都在1米之下，而且很多重要的产业和建筑物都在海岸附近。在过去的十几年里，马尔代夫周围的海平面已经上升了4.5厘米，而且糟糕的是，根据预测，在21世纪末海平面将上升1米！这也就表示，在21世纪末，马尔代夫或许只能通过图片来回忆了！

赫利根群岛

在德国的北部，有一个由10个低洼的小岛组成的赫利根群岛，这个群岛就像是地球最后的处女地一样，如今仍旧保留着最原始的风貌，虽经受时间洗礼，却从未受到任何污染。这个群岛夏天有遍地的情人草，因为海水的涌入，聚集了很多动物和植物。岛上的居民们因为涨潮而建造了很多堤坝。这样一来，在涨潮的时候居民们就退到堤坝内，任由小岛的一部分被淹没，等退潮时再回到原来的地方。

但是现在有一个可怕的问题，就是因为海平面上升的原因，涨潮的频率越来越快，甚至造成了岛上耕种困难，如果海平面继续上升，那么这个美丽的原生态岛群就将面临消失的危险！

也许在我们眼中，生活在海边，看着潮起潮落是最美好的事情，但是从以上的情形来看，当地的居民们应该没有时间去感受这些，他们在不断上升的海平面的阴影下担心着，说不定某一天，他们就将失去自己的家园！

动物们的家园

在人们对地球环境越来越关注的今天，我们终于意识到了很重要的一点，那就是地球除了是我们人类的家园之外，也是许许多多动物和植物的家园。在历史当中，我们曾为了自己的生存环境而侵犯它们的领地，以至于原来欣欣向荣的地球已经有很多动植物没绝了。如今，当我们致力于保护它们的时候，总有些心有余而力不足，因为它们总会因为我们人类犯下的错误而受到牵连。

事实上，随着环境恶化，不仅仅是我们人类生存的环境面临威胁，很多动物的家园也遭受着不小的威胁。

爱琴海

爱琴海是人们眼中的“爱情海”，似乎在这里总有很多浪漫的事情发生。除了这点，我们还应该知道，爱琴海是僧海豹的家园。僧海豹是现在非常稀有的一种动物，稀有到什么程度呢？全球的僧海豹加起来只有400只左右！也就是说，这种可爱的动物随时面临着灭绝的危险。

它们似乎和我们人类一样，喜欢爱琴海，并在那里繁衍生息。不过我们很难见到这种动物，因为僧海豹天生害羞，总是躲在爱琴海海岸下的海蚀洞里。其实，一开始它们的生活习性不是这样的。大概在100多年前，僧海豹居住在海滩上，它们在那里生存，但是随着爱琴海旅游业的发展，人类的足迹越来越多；还有工业的发展对环境的影响，迫使僧海豹不得不选择退让，将大片的海滩让给人类，迁徙到偏僻沿岸的海蚀洞里。

可是，即便它们已经这样退让了，却还是面临着灭绝的危机。虽然希腊在爱琴海北部规划除了一大片区域供僧海豹居住，但是随着全球气候变暖，海平面上升，它们栖息的海蚀洞很可能被海水淹没，再次失去家园的僧海豹还能到哪里去呢？

拉普拉塔河

河流与湖泊、海洋是水生动物的乐园，海平面上升对水生动物是否没有影响呢？答案并非如此，拉普拉塔河就是一个例证。拉普拉塔河是乌拉圭河与巴拉纳河交汇处形成的一个河口湾，同时也是世界上最大的一个河口湾。虽然是河口湾，但是这里因为风和潮汐的作用，也有咸水涌入。

这就促成了海龟、黑鲷和拉普拉塔海豚在这里共存的繁荣景象。其中，拉普拉塔海豚是非常稀有的动物，在水生动物中，它是唯一一种可以适应海洋环境与咸水河口湾环境的海豚了。可是，它们的生存环境目前也面临着不小的威胁。以黑鲷为例，这种鱼每年10月到第二年的1月都会到这里产卵，但是现在因为气候变迁，使得海平面上升，风也变得更强，拉普拉塔河河口湾面临着被淹没的危险。如果这个河口湾被淹没，那么水文就会发生变化，黑鲷、海龟和拉普拉塔海豚很可能就此失去栖息地！

白令海

在太平洋沿岸最北边，有一片美国和俄罗斯共有的海域，就是白令海。这片海域里蕴含着丰富的资源，每年都提供给美国和俄罗斯巨大的财富。不过我们要说的不是这些，而是白令海也是海象、海狮、稀有物种的鲸鱼以及北极熊的栖息地。而且，每年还有几十种海鸟会在这片区域繁殖。

白令海之所以能够吸引这么多动物，主要是因为这片海域有丰富的硅藻，这些是海鸟和一些素食动物的食物。它们本应在这片乐土快乐地生活的，但是因为温室效应，使得海洋的温度也发生了变化，海冰减少不说，每年还要提早融化，这种变化直接导致了藻类植物生长不佳，很多小鱼小虾都迁徙到其他的地方生存了，这样一来食物链便坏掉了，整个生态系统也发生了改变，那些吃藻类的动物食物不足，数量减少，继而导致食肉动物也没有鱼虾可吃，乐土变成了荒芜之地……

如果不赶紧找到措施，那么在21世纪结束的时候，白令海很有可能从欣欣向荣的动物乐园变成了无生气的“死海”。

瓦尔德斯半岛

阿根廷的瓦尔德斯半岛是南露脊鲸的乐土。每年冬天，大批南露脊鲸就会从南极洲跑到瓦尔德斯半岛附近繁殖过冬，除了它们这批“移民”之外，瓦尔德斯半岛附近还有很多海狮和海象，构成了一个天然的“水族馆”。更有意思的是，南露脊鲸在这里繁殖之后还会在这里“教育”自己的孩子，它们会和孩子一起在海上跳跃，这样有意思的画面，在其他的水族馆可是看不到的，因此，每年都有很多人到瓦尔德斯来观赏鲸鱼。

可是这种其乐融融的场面可能很快就要消失了。因为南露脊鲸的生存环境受到了严重的威胁。它们的主要食物来源是生存在冰洋中的磷虾；而磷虾的食物则是海藻。根据我们所掌握的情况，随着温室效应愈演愈烈，温度上升导致南极地区的海冰融化，很多海藻和磷虾死去，这直接导致了南露脊鲸的食物来源不足，母鲸无法好好补充营养，幼鲸便难以逃脱胎死腹中的命运。

所有的事例都证明了一点，那就是对环境的治理迫在眉睫，如果我们不赶紧找到治理环境的措施，那么只有两种可能——动物会反抗，或者死去。如果动物越来越少，最终只剩下我们人类的时候，那个时候，地球也许就不再是我们的家园了。

高温下的冰河

冰河也叫冰川，以我们了解的知识，简单理解就是固态的水。虽然我们觉得这没有什么特别之处，但冰河确是陆地上重要的水体之一。目前，冰河的总面积大概有1627.7万平方千米，也就是说，地球有1/10的面积都是冰河，它们主要分布在高山和两极地区。

冰河融化是非常可怕的事情，或许你觉得，冰化成水对我们不会有什么危害，但事实并非如此。世界上所有的冰河加起来储水量达到了2400多立方公里，约占全球淡水储量的68.7%。你知道这是什么概念吗？如果这些冰河全部融化，那么海平面将上升60多米！这样地球上会有很大一片地区被淹没，变成汪洋大海。

而且这些冰河是很多山区和江河水源的重要补给资源，如果冰川全部化掉，那么很多地区会面临缺水的危机，而且不在少数！

天山

哈萨克斯坦最大的城市——阿拉木图就坐落在天山脚下。作为哈萨克斯坦最大的城市以及主要的商业中心，这个城市聚集了130万的人口。我们都知道，哈萨克斯坦是一个内陆国家，阿拉木图自然也是内陆城市，而这个城市的淡水资源主要来自于天山的融冰。天山融雪孕育了阿拉木图的发达农业。

除了阿拉木图之外，吉尔吉斯斯坦和我国新疆地区都依赖着天山的融雪。可是随着气候变化，全球升温，导致冰川融化加速，高山积雪量减少，而且几十年的时间里，高山冰川的积雪量减少了近一半！如果气温继续升高下去，那么吉尔吉斯斯坦、中国和哈萨克斯坦一定会因为水源而产生冲突，直接影响依赖天山融雪的人民的生活。

弗兰兹·约瑟夫冰河

新西兰是世界上最纯净的地区之一，这个国家的人们努力地保护环境，尽可能地不让环境受到污染。但现实并没有我们理想中那么丰满。在新西兰有一条弗兰兹·约瑟夫冰河，这个冰河的消融和增长是会随着气候的变化而变化的，在20世纪中期到后期，这个冰河经历了消融和增长两个阶段，但是从长远来看，这并不是绝对的，因为它和很多其他冰川一样，虽然有时会有些增长，但总体来看，它是趋于消融和萎缩的。随着温度升高，其消融速度不断加快，根据专家推算，在未来的100年里，弗兰兹·约瑟夫冰河很可能彻底在地球上消失！

珠穆拉里女神峰

在不丹，有一座珠穆拉里女神峰，在这座山峰下面，有很多人生活在这里，还有很多历史建筑，比如具有当地特色的宗堡。在历史当中，这些宗堡曾受到过人为的毁坏，但是不丹的人民倾尽全力保护这些历史遗产。可是随着珠穆拉里女神峰上的冰河消融，人们可能无法一直保护这些文化遗产了。如果冰河消融继续加速，那么这里将暴发洪水和泥石流，到时候所有的文化遗迹都会被掩埋在泥沙之中，而珠穆拉里女神峰上的冰河也可能永远消失！

奎尔卡亚冰帽

在秘鲁，有一处面积44平方千米的世界最大的热带冰原区，那就是奎尔卡亚冰帽。冰帽融水给秘鲁的大部分人提供了生产和生活用水，包括秘鲁首都在内的很多大城市都非常依赖奎尔卡亚冰帽。

可是它不是“永动机”，资源也有耗干的一天，从20世纪70年代到如今，冰帽的面积已经缩小了20%，而且还在加速溶解。根据专家的预测，全球变暖可能导致几十年内奎尔卡亚冰帽彻底消失，到了那个时候，秘鲁将失去赖以生存的水资源。

克伊兹布尔

克伊兹布尔是阿尔卑斯山脉有名的滑雪胜地，它为奥地利带来了丰富的旅游资源。可是随着冰川溶解加速，使得克伊兹布尔不再是旅游胜地了，升温会导致滑雪区的不稳定，时常会有落石和雪崩的危险。根据相关数据推算，如果气候继续恶化下去，那么到了21世纪末，克伊兹布尔将失去滑雪场的功能。

恰卡塔雅冰河

玻利维亚拥有一条1.8万年历史的恰卡塔雅冰河。这个冰河多年来一直为玻利维亚首都拉巴斯和邻市埃尔阿托提供水源，正是这个历时悠久的冰河，养育了玻利维亚160万人。

恰卡塔雅山脉除了有冰河提供当地居民用水之外，也是玻利维亚唯一的一个滑雪场。可以说玻利维亚政府物尽其用了。但让我们惋惜的是，在过去的20年中，由于全球升温，导致了恰卡塔雅冰河融化了80%！虽然大部分冰河融化了，但是这里仍有白雪覆盖，只是白雪覆盖的时间比以往要短了很多。

如果环境继续恶化，那么这个存在本身就是历史的恰卡塔雅冰河可能就此消失，那个时候滑雪场自然也不复存在了。

我们都知道，冰融化后会变成水，只是换了一种形态而已，但看完这些，你还觉得冰河溶解是小事吗？当气温不断升高，这些水就会变成水蒸气，到了那个时候，干旱就会袭来，而滨海的地方便会遭遇海平面上升，进而被淹没的噩梦！

消失的湿地

在这个地球上，有三大生态系统，它们分别是海洋、森林以及湿地。对海洋和森林我们了解都很多，毕竟这是很多动物的家园。但是湿地泥泞不堪，会有动物喜欢这样的环境吗？湿地消失会不会更好？

正所谓“萝卜青菜，各有所爱”。虽然我们对湿地嗤之以鼻，但它却是很多动物赖以生存的家园。而且湿地对气候还有着非常重要的调节作用，丝毫不逊色于森林。如果湿地真的消失，那么我们的生活环境一定会面临很大的威胁。不幸的是，现如今已经有不少湿地消失了，现存的一些湿地也面临着威胁……

海湾沼泽地

马达加斯加是印度洋上的一个岛国，它的岛屿面积在世界排第四，在非洲地区排第一。马达加斯加国土上有许许多多的动植物，并且很多物种只有在马达加斯加才有。在岛屿中央，有一片3300平方公里的湿地，这片湿地上长满了红树林，它的存在使得东信风和季风不会影响到马达加斯加。在这片湿地边缘的沿海地区还有很多珊瑚礁，这些珊瑚礁有效地保护了马达加斯加，缓冲了莫桑比克海峡对其的侵蚀作用。

这片湿地不仅仅起到了调节气候的重要作用，从某种程度上来说，它也是很多动物赖以生存的家园。在盘桓交错的红树林根系上，有许许多多的甲壳类动物和软体动物，还有一些热带鱼类，这些都成了吸引鸟类的美味，因此，在这片湿地上有许多大白鹭、非洲琵鹭等候鸟。

这片湿地还有商业养虾场，除了其天然的作用之外，也给马达加斯加带来了经济收益。而且在潮汐的时候，这里还会为人们提供许多淡水。只是这片湿地现在也非常危险，因为这里的生态系统比较脆弱，全球变暖影响了这里的水温，海水还面临着酸化，这样很可能会破坏当地的生态平衡。首先是在此栖息的动物减少，然后是红树林被摧毁，酸化的海水将腐蚀沿岸，最终这里很可能被海水入侵。

钏路湿原

日本是亚洲的一个岛国，在日本的北海道东部，有一个重要的丹顶鹤栖息地，那就是日本面积最大的湿地——钏路湿原。我们都知道，丹顶鹤是濒危物种，这种鸟类甚至在20世纪初一度被认为已经灭绝！其濒危的原因主要在于它们对生活环境非常“挑剔”。丹顶鹤和许多飞来飞去的鸟类不同，它们只喜欢在湿地生存，而且对气温等因素要求都比较高，因此现如今世界上只有亚洲的几个有湿地的国家有丹顶鹤生存。

在日本，当地人通过饲养丹顶鹤才让它们的数量有所增加，可是从现在来说，这并不是什么乐观的情况了。因为钏路湿原是由海洋以及河川的泥沙堆积而成的陆地，本身地势就非常低。加上海平面现在逐年上升，这里很可能再次被强行收归于大海，加上土壤盐度增高，丹顶鹤很可能失去赖以生存的家园。

卡卡度湿地

在澳大利亚北部的卡卡杜区，居住着很多当地的土著居民，他们世世代代都在这里繁衍生息，他们在这里的创造的人类历史已经有4万多年了！由于长时间生活在这片土地上，所以它们掌握了如何与自然打交道的智慧，这也使得在卡卡杜湿地难得形成了人与自然和谐共处的画面。

在这片湿地，聚集着几十种水鸟和候鸟，还有很多白干层树。这种树除了可以给那些喜欢吃蜜汁的鸟类提供食物外，同时也可以为当地土著提供他们所需的树皮。但是，因为气候变迁，卡卡杜湿地的生态环境也遭到了破坏，海平面上升直接威胁到了白干层树林，如果继续下去，那么这片湿地很有可能变成一片寸草不生的咸泥地，到那个时候，这里的500多名土著会失去世代传下来的家园，许许多多的鸟类也将离开这里。

虽然我们身边可能没有湿地，但它确实是很多动物的家园，对调节地区的气候也有着重要的作用。如果我们不重视这个问题，那么当湿地在地球上消失之后，恐怕我们也只能从灾难中体会它的重要意义了。

再见，三角洲

世界上有很多河流冲积形成的平原地区，我们称其为三角洲。在世界上，有很多发达地区都位于三角洲之上。但是，就像我们所想的那样，随着全球气候变暖，海平面升高，这些地势低洼的三角洲很可能被淹没到水下。

事实上，有专家已经预测过，世界上几个著名的三角洲都面临着被淹没的威胁。

尼罗河三角洲

尼罗河是埃及人的母亲河，古埃及文明就从尼罗河流域诞生，并发展到了今天。这条河流在埃及北部的开罗附近散开，然后流入地中海，在漫长的岁月中，水流冲积便形成了尼罗河三角洲。这个三角洲面积约2.4万平方公里，因为河流冲积带来了丰富的营养物质，使得这块三角洲土地肥沃，因此很多人聚集在这里生衍繁息，而且这里也是世界长绒棉的主要产地。

不过随着全球气候变暖，这里也将受到牵连，因为气候变暖，注入地中海的水量会不断增加，使得地中海的海平面上升。根据专家预测，在21世纪结束之前，地中海的海平面很可能会上升1米以上。如果真是这样，那就意味着尼罗河三角洲将有1/3的土地将被淹没。到了那个时候，不仅仅是农业受到影响，很多人都会流离失所。

尼日尔河三角洲

世界上面积第二大的三角洲坐落在尼日利亚，这个面积广阔的三角洲上有着许许多多的动物种类，可以说是非常密集的一个生态系统。如果是蝴蝶爱好者，那么绝对不能错过尼日尔河三角洲，因为这里拥有的蝴蝶种类最多。除了难以复制的环境之外，这个三角洲也是世界上重要的石油蕴藏区，丰富的石油储量使得尼日利亚成为世界排名第七的产油国。

虽然这个面积广阔的三角洲为尼日利亚人带来了财富，但是它现在也开始反噬了。由于人类无休止地开采石油，使得这部分地区遭受了严重的污染，除此之外，极端气候以及海平面上升也使得尼日尔河三角洲遭受水灾的次数增加，最可怕的是海水倒灌使得淡水资源受到侵蚀，整个生态系统都将发生变化，此地的农业和渔业以及居民的日常生活都将受到严重的影响。如果不尽快找到解决措施，继续对这里进行开采，那么未来这片三角洲可能会消失，那个时候恐怕再也无石油资源可用了。

密西西比河三角洲

密西西比河三角洲是美国重要的经济区。这块三角洲面积约为2.5万平方公里，在三角洲之上，有湿地、盐沼以及纵横相交的小河。因为这个原因，使得密西西比河三角洲成了美国重要的一个生态区。

密西西比河三角洲地区盛产鱼类和石油，全美将近两成的石油和鱼类均是此地提供的。在这个三角洲之上，有一个重要的港口城市，那就是新奥尔良，但是这个城市的海拔甚至低于水平面，美国只好通过修建几百千米长的防护堤来保护这个城市。不过这也只是治标不治本的方法，因为历史上这个城市也曾遭受过很多灾难，在20世纪初这里曾遭受旧金山大地震的波及；21世纪初，它又因为飓风而受到重创。但是这都不是最后的结果，因为专家推测，现在气候变暖，很可能会增加飓风发生的频率，这个城市不知道还会遭受多少次可怕的飓风灾难，而海平面的上升，更是时刻威胁着这个已经比海面低的城市。

恒河三角洲

在布拉马普特拉河与恒河的交汇处，有一处土壤肥沃之地，它就是恒河三角洲。这块三角洲是孟加拉国主要的农作物产区。然而，现如今环境变迁已经严重影响到了这片10万平方公里的三角洲了，频繁的暴雨和飓风，让这块三角洲在风雨中飘摇。而且专家认为，在未来的50年里，这块广袤的土地很可能会没入海平面，到那个时候，也许会有上百万居民流离失所。

湄公河三角洲

湄公河是越南重要的一条河流，除了它本身的重要作用之外，它也为越南人提供了一片非常肥沃的土地——湄公河三角洲。肥沃的土壤让稻米和蔬果等作物在这里旺盛生长，因此湄公河三角洲成了越南最大的大米产区和蔬果产区。发达的农业让这片区域聚集了1700万人，他们在这里或者务农，或者以捕鱼为生，过着原始和现代相交织的生活。可是，因为海平面上升的关系，这里极可能发生海水倒灌的情况，那时这里便会发生水灾，而且农作物因为盐度过大而无法生存，这里便会失去它原本的意义，到了那个时候，越南人可能就无法过着安逸的生活了，很可能会被粮食不足所困扰。

世界上有很多三角洲，通常三角洲上都会有发达的城市，如果有一天这些三角洲消失了，那么我们的损失就不仅仅是一点点物质那么简单了。想要让人类文明不会覆灭，就要即可开始，保护环境，爱护我们唯一的家园。

融化的冰雪世界

你看过《泰坦尼克号》吗？杰克和罗丝的结局令我们唏嘘，同时我们也在想，为什么冰山这么讨厌，让他们天人永隔，无法相守呢？如果没有冰山，也许就不会有这个悲剧，杰克和罗丝就能幸福地生活在一起了。

但是这种想法实在是太简单了，如果所有的冰山真的融化掉，那么天人相隔的就不仅仅是电影中那一点点人了。如果海冰全部融化，那么灾难也就真的到来了。不要不相信，实际上，现在有很多地方都面临着海冰融化的危险呢！

北冰洋

北冰洋是四大洋之一，相比其他大洋，这片水域温度要低很多，在北极地区更甚。北极地区相比南极陆地要少很多，大部分都是海洋。而北冰洋的洋面上有许多很厚的冰层。虽然北极非常寒冷，但是这里也有季节区分。在冬季的时候，海冰的面积有1100万平方公里，到了夏季的时候，可能会融掉300万平方公里。这是正常现象，但如今，因为温室效应，这个极寒地区也已经受到影响了，如果温度继续升高，那么北冰洋海域的海冰就会加速融化，到那个时候，全球洋流和大气循环都将受到影响，我们人类很可能会遭受更多的自然灾害。

而且控制温室效应已经刻不容缓，在2007年，北冰洋的冰层覆盖面积已经没有原来的一半了，如果不加紧治理，那么20年时间里北冰洋上将再无海冰！

格陵兰

格陵兰岛是世界最大的岛屿，因为地理位置的原因，使得这片岛屿有80%以上的面积都被冰雪覆盖。伊卢利萨特冰湾是格陵兰岛为数不多的冰河出海口之一。每年在冰湾崩解的时候，大量的冰块都会从这里泄出，形成壮观而又独特的美丽景象。

但是从20世纪末开始，陆上冰川延伸入海的冰舌已经消退了7000米之多，而且随着温室效应的加剧，使得格陵兰岛上240立方千米的冰融化成了海水，如果冰湾的海冰不再牢固，那么人们就无法继续在冰川上行动，就连他们居住的地方也会遭受暴风雪侵袭。当地的北极熊和海豹等在冰面上生活的动物也将被迫迁徙，严重的情况下它们甚至可能和人类争抢最后的生存空间。

如果有一天格陵兰岛上的冰川全部融化，那么全球的海平面将上升7米，许多沿岸地区都将被淹没！

加拿大

在加拿大靠近北极的地区，有很多北极熊在那里生活，这里是北极熊的主要栖息地势西哈德逊湾。但是近些年来，因为全球气候变暖，西哈德逊湾的冰层开始断裂、溶解，这使得北极熊无法安然度日。它们生存主要依靠捕猎冰上的海豹，但是冰层断裂，结冰周期变长，迫使北极熊无法获得足够多的食物，它们唯有逼迫自己进入冬眠期，才能免于死亡。但这也仅仅是一时的，如果环境继续恶化，那么北极熊的数量将大大减少。事实上，北极熊已经成为濒危动物，根据专家预测，在未来的百年时间里，北极熊将面临灭绝的危机。

另外，在加拿大的努纳福也有相同的情况。努纳福是加拿大北部因纽特人的居住地，他们已经习惯了严寒，在这片土地上，他们和北极熊、海象和海豹一起生存。他们在这里狩猎，在这里安家，世世代代都是如此。

但是因为全球气候变暖，海冰溶解加速，使得因纽特人的生活以及这片土地上的动物都遭受着巨大的威胁。当这里的海冰全部消失之后，这片土地上的爱斯基摩文化也将灭亡。

南极洲

南极洲拥有世界上最大的冰架——罗斯冰架，罗斯冰架的面积约有48.7万平方公里，也就是说，这个冰架和法国的国土面积差不多。这个巨大的冰架也是地球上重要的淡水储备，因为这个并加上还有地球上70%的淡水资源。

可是随着全球气候变暖，这个冰架也在加速溶解，这不仅造成了淡水资源的流失，更直接造成了海平面上升。专家通过预测，得出了这样的结论——在未来的1个世纪当中，罗斯冰架可能会和南极洲大陆脱离，造成世界海平面上升，同时也会加速南极洲的冰层。

同时，我们也知道，在南极洲生活着几百万只企鹅，它们多聚集在南极洲最北边的南极半岛上。如果温度持续上升，那么南极洲附近海域的磷虾数量也会大大减少，而磷虾则是企鹅的主要食物来源。如果食物不足，那么这些可爱的“燕尾服绅士”也将从地球消失！

喜马拉雅冰川

喜马拉雅山脉是世界上最高的山脉，在喜马拉雅山上也有地球上最大的内陆冰川，即喜马拉雅冰川。喜马拉雅冰川的面积和储水量仅次于南极和北极，每年喜马拉雅冰川溶解后形成的河水养活了地球上近34%的人口。但是在过去的10年里，喜马拉雅冰川溶解的速度加剧，这使得其周围的冰湖加速扩张，面临着溃堤的危机。如果冰湖溃堤，那么生活在这周边的居民就将遭受洪水和泥石流的侵袭。不仅如此，如果冰川融化，那么地面将吸收更多的阳光，更加剧了温度上升的情况。

看了这些，你还认为世界上没有冰山无所谓吗？冰山的存在给很多动物提供了生活场所，为我们提供淡水资源。如果不赶紧想办法解决温室效应，任由气温不断上升，那么早晚地球上所有的陆地都将重温亚特兰蒂斯的噩梦！

第七章　大自然的惩罚

人类文明的进步却对自然造成了不可弥补的伤害。如今大自然开始反击了！那些曾经美丽又富饶的地区，也许有一天会在自然的惩罚下消失！

土地沙漠化

虽然地球上河海密布，就连从太空遥望地球也是海蓝色，但在地球上水资源分布并不平均，有些地方仍旧干旱缺水。而且更加可怕的是，随着海平面不断上升的今天，有些地区却开始向着沙漠行进。

土地沙漠化现在已经是全球化问题了，很多地区都面临的情况都不容乐观。

扎哈拉德拉西埃拉

在西班牙南部的安达鲁西亚山区有一个叫作扎哈拉德拉西埃拉的小城。这个小城虽然面积不大，但历史悠久，如今这里仍有一座中世纪时期的古堡建筑，而在又名的毕雷达洞窟中还发现了很多早期的壁画，证明着这里悠久的历史。在小城周围，是64.7万平方米的山坡和谷地，当地人在这里种了许多橄榄，因此，在小城周围是一篇郁郁葱葱的景象。

想象中的画面是不是很美？但也许这种景色有一天也会消失。因为现在气候变迁的影响，这里的降水量已经比以前减少了很多。而且根据专家预测，在未来的几十年里，安达鲁亚地区降水将减少接近一半，并且平均气温也会上升4℃，环境改变，可能导致这里的橄榄园消失，部分地区将演化成荒漠。

马拉维

在非洲东部有一个名叫马拉维的国家，在1859年的时候，赢过探险家李文斯顿发现了这里。虽然欧洲人涉足这里不过在1个多世纪之前，但当地居民班图族已经在这里生活了上千年了。他们世世代代在这里繁衍生息，过着原生态的生活。

我们知道，非洲是全世界最缺水、最贫穷的大洲，很多国家都在贫穷中挣扎，马拉维就是其中之一，这个国家是全世界最贫穷的国家之一，以农业为主的经济结构让这里受制于气候。而马拉维时常有干旱和洪灾的骚扰，让他们不得不和最原始的灾难抵抗。

专家做出了这样的推断，由于全球气候变迁，在未来的40年内，这里将因为全球变暖而温度上升，也就是说，这里日后面临的干旱状况会更多。如果未来的某一天这里不再适合生存，那么也许人们也只能放弃这片土地，任其发展为荒漠了。

韦拉克鲁斯州

墨西哥的韦拉克鲁斯州是咖啡的主要产地之一，当地的很多居民都在这里种植大片的咖啡树。这些不但给当地带来的经济效益，同时这些咖啡树也给环境带来了不小的好处。因为这里种植了大量的咖啡树，所以也起到了保持水土，净化空气的作用。当一个收获季节过后，咖啡树的叶子便大片大片地落下，在泥土中腐烂，成为下一季的养料。

可是，韦拉克鲁斯州现在也在面临着严峻的情况，那就是气候变迁导致的旱涝灾害。频发的灾害让当地的农民难以获得好收成，如果一直这样下去，那么当地居民可能就不会再种植咖啡，到了那个时候，缺少树木的韦拉克鲁斯州无法保持水土，很可能会加速土地荒漠化。

丰盛湾

许多进口牛奶都来自新西兰，在各种广告当中，我们眼中的新西兰应该是青草遍地，牛羊成群的美丽国度。事实上，这个国家确实也是一个环境优美的地方，还是人们趋之若鹜的旅游胜地。但是这样美丽的国度仍旧有面临沙漠化威胁的地方，那就是新西兰北岛东岸的丰盛湾。

丰盛湾有美丽的天然海港和白色沙滩，即便是冬天这里的温度也要高于其他地区。但是如今它也饱受全球变暖的痛苦。专家们认为，这个地区在21世纪末之前，很可能会每隔不到10年的时间就发生一次大干旱。如果不赶紧想办法在这里植树种草，那么未来的某一天这里可能会成为临海的沙漠！

土地荒漠化意味着土地失去肥力和保水能力，成为随风起舞的黄沙。为什么现如今会出现这种情况呢？说到底，都是因为我们人类的活动破坏了自然，引得自然的愤怒。如果我们不进行可持续发展，在发展的同时保护环境，那么地球成为寸草不生的荒漠是迟早的事情。

我们所罗列的这几个地方，可以看作是大自然给我们的一点点警告，再不反省我们的行为，那么更大的灾难一定会在某一天来临！

热带雨林消失

森林被称作是“地球之肺”，森林可以净化空气，保持水土，阻挡灰尘，更重要的是，森林还是许多动物的家园。尤其是热带雨林当中，动植物种类更是多种多样，甚至于有许多我们平时见不到的类型。

然而，随着人类活动范围的不断扩大，森林也大量消失了，而人类也必将成熟森林消失而产生的恶果。现如今，森林已经比最初少了一半以上了，但是人们仍旧没有停止对其破坏，有很多地区现如今都面临着森林消失的威胁。

亚马孙雨林

提到森林，我们首先会想到亚马孙雨林，因为它是世界上最大的雨林，同时全球上1/5的物种都可以在这片雨林里找到。毫不夸张地说，亚马孙雨林就是地球的一个缩影。当然，它的价值不仅仅在于这些，亚马孙雨林对全球气候都有着重要的调节作用。

然而，人们比起它对气候和生存环境的作用，更看重其经济价值。因此，在过去的30年时间里，仅仅是巴西一国就砍伐了60万平方公里的雨林。如果人们不停止这种可怕的行为，那么不用太多年，雨林就会消失一半！雨林消失会减少对二氧化碳的吸收，使得气候进一步变暖，升温之后亚马孙雨林也会收到环境变化的牵连进而减少。也就是说，如果我们不赶紧找到保护环境的对策，那么雨林和环境之间就会形成一种恶循环。

刚果盆地

刚果盆地是仅次于亚马孙雨林的全球第二大热带雨林，在这片雨林当中，生活着许许多多的动物和植物。这片雨林可以说保持了最原始的状态，人们目前开发的部分只有1/10。不过这并不代表这片雨林保护得很好，因为人们不断地滥砍滥伐，尤其是近年来，这种情况愈演愈烈。人们预测，在未来的几十年中，如果按照现在这样的情况，那么刚果盆地的热带雨林将有一半会消失，在那里安家的动物们也面临灭绝，尤其是一些濒危动物，很可能会连同整个种族都消失！

另一方面来说，如果继续滥砍滥伐，那么二氧化碳的排放量与日俱增，没有能与之抗衡的森林，全球气候变暖的情况也会日益加剧！

蒙特维德云雾森林

哥斯达黎加中部有一片在1700米高的地带生长的热带雨林，它就是著名的蒙特维德云雾森林。这片森林里有许许多多稀有动物和植物。有参天古木，也有生长周期很短的花类和藤蔓植物。在背阴的地方则是蕨类植物和苔藓植物的乐园。因为植物种类的多样性，使得各种食性的动物都能够在这里找到食物，因此雨林中也有许许多多动物。根据相关人士统计，蒙特维德云雾森林当中的植物超过2500种，哺乳动物和鸟类加起来超过500种，昆虫更是上万种！

这片森林就如它的名字那样，因为空气湿度大，因此时常云雾缭绕。但是现如今随着全球气候变暖，这里的温度也在上升。温度上升会迫使云彩升得更高，很多喜欢阴湿环境的动植物都面临着灭绝的危机。

婆罗洲

我们知道猩猩具有很高的智商，是最接近人类的一种动物。在印度尼西亚的婆罗洲的雨林中，生活着一种和我们人类DNA非常接近的红毛猩猩。红毛猩猩已经被列入濒临绝种的分类，全球只有4万多只了，其中大部分都生活在婆罗洲的热带雨林中。

我们本应该对其进行保护的，但是因为棕榈油在全球需求量很大，而这里的环境又适合棕榈树生长，因此人们对婆罗洲的雨林进行大量砍伐，以便种植更多的棕榈树。这使得这些红毛猩猩的生存范围越来越小，直接危及到了它们的繁衍生息。除了红毛猩猩之外，当地的矮象和婆罗洲犀牛的生存也都面临着很大的威胁。而且全球气候变暖也影响到了这些动物的生存。根据专家预测，如果继续砍伐森林，那么10年之内，婆罗洲的热带雨林就会消失！

看完这些，你会怎么想？我们人类为了自己的生活，已经将很多动物逼到绝种的边缘了，如果我们不对环境进行保护，继续滥砍滥伐，那么消失的就不仅仅是雨林和其中的动物了，在不久的将来，人类也会濒临灭绝！

珊瑚礁损坏

珊瑚是一种美丽的工艺品，它是由珊瑚虫分泌出的物质形成的一种石灰质物体。而珊瑚礁则是许许多多珊瑚结合在一起，经过千百年的积淀才形成的一种结构。珊瑚礁中往往储存着油气资源，而且它也是很多海中蠕虫、海绵、软体动物和甲壳动物的乐园，许多大洋带的鱼类的幼鱼也喜欢在珊瑚礁周围生活。

从另一方面来讲，珊瑚礁对海岸也能起到重要的保护作用，防止海水对海岸进行侵蚀。但是由于环境恶化，很多珊瑚礁都被侵蚀减少，也许在不远的将来，这些珊瑚礁就会彻底消失！

累西腓

巴西东北部沿海地区有一个叫作累西腓的港口城市，这个城市是在16世纪中期由葡萄牙人建立起来的。累西腓位于赤道附近，气候潮湿炎热，而且有长达187千米的海滩。在海滩外不远处，有许许多多的珊瑚礁，这些给累西腓带来了天然的旅游资源，而且也可以保护海岸不受海水侵蚀。然而随着全球气候变暖，温度升高，飓风增强等很多原因，使得珊瑚礁对海岸的保护作用越来越弱。另一方面，因为环境的恶化，导致了海水酸化，而珊瑚礁的主要成分是碳酸钙，海水酸化直接腐蚀了这些珊瑚礁，使得累西腓沿岸的珊瑚礁越来越少。

丹老群岛

莫肯认生活在缅甸丹老群岛附近的蓝海与珊瑚礁上，他们被称作“海上吉普赛人”，是现在世界上极少的游渔民族。他们一生当中绝大部分时间都在船上度过，日常生活则通过捕捉珊瑚礁中的海参、鱼类和海龟为生。在丹老群岛附近的珊瑚礁周围，有很多种海洋生物在此生存，有河豚、蝶鱼和玳瑁等等。但是因为环境恶化已经波及海洋地区，使得丹老群岛周围的大片珊瑚礁也面临消失的威胁。而丹老群岛上的居民还没有意识到这点，他们对沿岸的树木大肆砍伐，更是加重了海洋的侵蚀。如果再这样下去，那么莫肯人的海洋文明也将同珊瑚礁一起消失。

科摩多岛

印度尼西亚的科莫多岛是世界上著名的潜水地，除了周围海域海水清澈之外，海里还有非常壮观和纯净的珊瑚礁。未受污染的大片珊瑚礁周围栖息着各种各样颜色鲜艳的鱼类，在这里潜水，能够观赏到最美丽的海底世界。这是因为佛洛瑞斯海的热带暖流以及印度洋的寒流在科莫多岛交汇，因此这个海域才有了生物多样性的环境。

因为这里的环境非常美，所以现在科莫多岛已经被列入世界遗产，科莫多岛国家公园则努力保护着这种环境。

只是现在环境恶化是全球性的，科莫多岛也受到了影响。首先是海平面上升可能会淹没科莫多岛以及其周边的岛屿，进而使得海龟失去产卵的海滩。海洋温度升高加上海水酸化，使得这个地区的珊瑚礁大片死亡，进而威胁到以珊瑚礁为家的各种海洋动物的生存。

大堡礁

大堡礁是世界上面积最大的一个珊瑚生态区，位于澳大利亚，面积有34.4万平方公里，软珊瑚和硬珊瑚的种类更是高达400种以上，多样性的珊瑚礁环境吸引了上千种甲壳生物和鱼类在此生存。如此看来，全球海洋环境恶化对大堡礁的打击才是最大的，如果海洋温度上升1.5℃以上，那么许多珊瑚就会死亡，如果温度上升3℃以上，那么大堡礁很可能就会从地球上消失。根据专家预测，全球变暖会在21世纪末腐蚀掉大堡礁！

图瓦卢

你可能没有听说过图瓦卢，因为它只是太平洋上的一个珊瑚岛国家，面积不过26平方公里。不过即便面积再小，他们也在自己的乐土上过着平静的生活。因为珊瑚岛是从海洋中“长出来”的，所以通常地势都不高，图瓦卢的珊瑚岛仅仅比海平面高5米，这使得图瓦卢无力面对暴风雨的袭击。而且随着海平面的上升，这个国家也面临着被淹没的威胁。在21世纪末，海平面将上升60厘米，这会淹没图瓦卢的部分地区。而且海水酸化也已经开始腐蚀这个美丽的国家了，如果情况继续恶化下去，那么图瓦卢将比亚特兰蒂斯的结局还要悲惨——不仅仅是沉没，而是彻底“融化”在海中……

翁通爪哇环礁

所罗门群岛北方的翁通爪哇环礁是由122个珊瑚岛组成的，总面积12平方公里，是世界上最大的环礁之一。在环礁中央是一个2500平方公里的泻湖，虽然有上百个小岛，但是只有两个岛上有居民永久居住。

当地人靠采摘椰子和捕鱼为生，在面积大一些的岛屿上的淡水沼泽地种植芋头，泻湖中还有丰富的海产品，这些都让岛上的居民过着原始又安逸的生活。但是和所有地势低洼的岛屿一样，翁通爪哇环礁大部分地势都比较低洼，高于海平面2米不到，这样就使得海平面上升会直接淹没环礁的大部分地区。这里和所有珊瑚礁的命运一样，如果环境继续恶化下去，那么这里也将彻底消失。

其实，可能会面临消失的地方或遭受威胁的地方远不止这几个。我们只是以这几个为例。如果我们不想办法治理环境，任由海水升温酸化，任由海平面上升，那么世界各地的美丽珊瑚礁都将不复存在，那个时候，我们也许只能通过照片才能想象它的美丽了。

未来的“古迹”

当我们在苍凉的土地上看到那些古城的断壁残垣，心中作何感想？恐怕我们除了对那个时代的想象之外，也会觉得凄凉，毕竟那里曾经那么繁荣过。之后，我们很可能就会联想到这里被遗弃的原因。

通过对很多遗失的文明进行总结，我们发现，很多古城之所以被遗弃，很多时候是因为环境恶化的原因。虽然人类凭借着自己的智慧成为地球的主人，但是面临频频发生的自然灾害时，还是束手无策。

但实际上，弃城而去并不仅仅是过去才会发生的事情，随着环境的不断恶化，现在很多城市的居民都面临着生存危机，如果环境继续恶化下去，那么现代或者未来也会发生人类放弃家园，另觅他处的可能。

那么，这些即将变成古迹的地方都有哪里呢？

苔原

挪威的苔原地区就在北极圈附近，那里天气寒冷，大部分地区都没有人居住，但是萨米人却非常喜欢那样的环境，他们虽然人口不多，大概只有7万人，但是在这片土地上已经繁衍生息了几千年了。

萨米人主要以饲养驯鹿为生，过着艰苦却原生态的生活。但是，就像我们了解的那样，全球气候变暖已经波及北极地区了。如果情况没有改善，日益恶化下去，那么萨米人很可能会为了生存而抛弃他们原来的家园。更加糟糕的是，萨米人的离开很可能什么痕迹都不会留下。

上波河谷地

意大利最长的河流——波河全长有650多千米，在上波河谷地是意大利主要的稻米产区。或许是因地制宜的关系，生活在上波河谷地的意大利人想出了意大利炖饭这道美食，并把这种方便又营养、美味的食物推广到了全世界。

除了独特的饮食文化之外，上波河谷地还有著名的卢塞迪奥修道院和一些文艺复兴时期的建筑。只是这个地区也可能会被人们遗弃。因为波河的河流水源来自于阿尔卑斯山的融雪，随着全球气候变暖加剧，使得阿尔卑斯山的雪线越来越高，可融化的雪越来越少，说不定在未来的某一天波河就会断流，到了那天，没有水源，这里的水稻就无法生长，人们也就无法在这里生存，只能选择另觅他处了。

北坡

北坡是美国阿拉斯加州的一个地区，这里有面积广阔的永冻层，还有苔原和森林，面积广阔，虽然这里不比大城市的繁华，但是却又最壮阔的景观和许许多多的野生动物，比如北极熊、北极狐、北美驯鹿等等。除了动物资源之外，这里也有丰富的石油资源。

北坡的居民很少，只有大概7300人，他们在这里建造了房屋，过着安逸的生活。但是现如今因为全球变暖，使得这里的永冻层开始融化，如果情况继续恶化下去，那么北坡的森林和建筑物都会下陷，或者遭受不同程度的破坏，永冻层当中“沉睡”了上千年的有机物质也会开始分解，到了那个时候会发生怎样糟糕的情况没人知道，但那里仅存的7300多人也会选择离开！

西伯利亚

俄罗斯是世界上最地广人稀的国家了，在俄罗斯的西伯利亚的广阔土地上，只有3600万居民，相当于每平方公里只有3个人。可惜的是，就连这样的一个地区未来也可能变成荒原。

这是因为西伯利亚有丰富的石油和天然气资源，人们对这里的石油和天然气进行开采，势必要修建各种设施和运送管线，还要修筑公路和铁路，人们在这里生存，也需要许多住房和公共设施，而这一切都建在永冻层之上。这些建筑的地基都是木桩打到永冻层里。但是因为全球气候变暖，永冻层开始融化，这里的很多建筑可能都会遭到破坏，根据专家预测，在2030年的时候，西伯利亚永冻层上的城市可能会被人们遗弃。

巴基斯坦

巴基斯坦是一个高温缺水的国家，对于巴基斯坦而言，印度河是这里主要的生产生活用水来源，可以说是巴基斯坦的命脉。凭借着对印度河的开发，使得巴基斯坦14万平方公里的干旱地区变成了良田。

但是，现在巴基斯坦的情况也不容乐观。因为印度河的水源主要是喜马拉雅山、喀喇昆仑山和兴都库什山上的冰川融水。随着气候的变迁，印度河的水源很可能会周期性增减，这样的话巴基斯坦会比如今更加缺水，到了那个时候，也许不是巴基斯坦的某个地区，而是整个国家都会被人们放弃。

巴彦乌勒盖省

蒙古的巴彦乌勒盖省生活着很多以游牧为生的牧民，他们每年随着季节迁徙三次，但是在南部的隔壁和沙漠地区，由于条件恶劣，可能迁徙的频率更高一些。根据专家的预测，在未来的一个世纪中，这里的降雨形态可能会改变，温度也会上升，这样会直接影响到牧草的生长，进而影响到当地人的生活。最终可能难逃被弃的命运。

背井离乡是每个人都不愿意看到的情况，但是如果我们生存的家园再也不那么美好，甚至无法生存的时候，我们也只能选择放弃。可是现在的我们远没有祖先那么幸运，抛弃了一个地方可以找到另一个地方重建家园，如果环境继续恶化，那么我们在地球上将再也难以找到可以安居乐业的家园了！

生态失衡

世界各地每个地方都有自己的生态系统，尤其是那些和自然融为一体的地方，但是随着世界环境的恶化，很多地方的生态系统都因为环境的改变而受到了影响。对于那些对环境极为敏感的稀有动植物来说，环境的一点点变化都可能让它们彻底毁灭。

还有一些地区凭着独特的气候条件发展经济，但是随着环境的变化，这些地区的经济结构也可能发生改变，甚至会失去经济来源。

达拉纳省

瑞典的达拉纳在几年前因为一株云杉而出名了。这棵云杉的历史比瑞典还要长得多，它的年龄已经有9500多岁了！它之所以能够存活到现在，主要是因为这里的环境足够寒冷。云杉可以说是树木中的“因纽特人”，它们非常喜欢严寒，也正是因为这样，在寒冰的冰河时期它们才能存活下来。在瑞典的森林中，云杉的比率有一半之多，如果保护得好，那么这些云杉就可以一直存活下去。

然而，随着气温升高，这里的生态已经出现了不平衡，时常出现暴风雨和暖夏，使得云杉的天敌小囊虫开始肆虐，如果气温持续走高，那么小囊虫的数量就会越来越多，云杉的数量就会越来越少，这里的生态平衡就会遭到破坏，那些存活了千年的云杉也难逃一死了。

阿尔玛卡麦尔峰

松树可以说是树木中的常青树，在黎巴嫩的阿尔玛卡麦尔峰生活着世界上寿命最长的一种松树，就是黎巴嫩雪松。黎巴嫩雪松由于生长周期很久，所以树枝非常坚硬，而且还有树木独有的芬芳，是非常珍贵的一种木材。不过这些雪松也面临着生态危机。在现存的黎巴嫩雪松当中，最年轻的也有百年树龄了，其中的12棵树龄甚至超过千年，但是如果气温继续升高，降雨减少，那么这些长龄的雪松也无法长寿了！

空域

在沙特阿拉伯有一片面积相当辽阔的空域，这片空域并非莺飞燕舞，人烟袅袅的绿洲，而是一片荒无人烟的沙漠。这片沙漠的环境相当恶劣，是地球上最干燥、最热的地区之一，在夏天的时候，这里的温度甚至有50℃！

在这样恶劣的环境下不要说居民了，就连探险者都对这里望而却步。不过，有些植物还是习惯了这样糟糕的环境，并在沙漠中生根发芽了。比如一些灌木和野草、草本植物等等。虽然这片地区没有永久居民，但游牧民族贝都因人还是会在这里游牧，牲畜的饲料就是这些沙漠中的植物。而且根据科学家的不断探索，近期发现这个地区又出现了31种新的植物和24种鸟类。然而，世界环境的整体变化也会导致这里生态失衡，因为这里的生态系统本来就非常脆弱、敏感。根据专家预测，在未来的几十年中，这里的植物很可能会消失，这里的生态平衡会彻底遭到破坏！

乞力马扎罗山

非洲最高的火山——乞力马扎罗山坐落在坦桑尼亚境内。这座火山高

5895米，山顶火山口处终年被皑皑白雪所覆盖，而生活在乞力马扎罗山山脚下的居民就是靠融雪作为水源生活的。然而，气候变迁已经让乞力马扎罗山山顶的雪开始融化了，从20世纪初到21世纪初这段时间，这里的积雪已经只剩20%了，而且在几年之后将彻底消失。也就是说，几年之后，非洲热带雪山的景观将不复存在，而那里的生物圈也会因为缺水而迎来大灾难。

努瓦纳艾利区

茶可以说是世界上最流行的一种饮料了，它起源于中国，后来走向世界，除了中国之外，提到茶人们肯定会想到斯里兰卡，因为它是世界上第三大产茶国，出口的茶叶质量优，畅销全球。这使得斯里兰卡大部分人以种茶为生，茶业也在斯里兰卡的经济结构中占有重要地位。然而，现在因为环境的变化，使得这里的气温也逐年升高，干旱期变得更久，加上时不时暴雨对土壤的腐蚀，使得这里茶叶的生长遭受不小的威胁。

长江

我国有主要的两条河流，那就是黄河和长江。长江是亚洲最长的河流，长江流域的农业产量占我国农业总产量的一半，而且我国东西交通运输也非常依赖这条河流，它还为5亿中国人提供了淡水资源……

由此可见，长江具有重要的地位，但如果某一天长江断流，那么会变成什么样？中国大部分地区缺水，经济和生态都将遭到严重的破坏！而这也是很有可能发生的，因为这条发源于青藏高原的河流随着西藏冰川的消融加剧，水流已经减弱了，而我们担心的情况，很可能在几十年之内就会成为现实！

一个地区的生态平衡是这里的人和自然可以和谐共处的保障，但是随着人类活动的加剧，很多地方都已经出现生态失衡了，如果我们不停止对自然的破坏，那么有一天自然一定会对人类的生存形成反噬。

肆虐的疾病

疾病就像是隐形的杀手，有些疾病则是病毒和蚊虫引起的，如果大范围内爆发，那么就会给那个地区带来灭顶的灾难。当环境不断恶化，很多病毒和蚊虫就开始肆虐起来，未来很多物种都可能因为肆虐的疾病而大范围死亡。

贡德尔

埃塞俄比亚是世界上最古老的国家之一，这个国家每年约有10万人死于疟疾。疟疾是一种因为蚊虫叮咬或输入带疟原虫者血液而感染疟原虫所引起的虫媒传染病。埃塞俄比贡德尔地区因为地处海拔2000多米的高原，气候凉爽，所以可以避免蚊虫肆虐，但是随着气温升高，降雨量增加，使得这个地区的蚊子开始大肆繁殖，这样发展的结果就是贡德尔地区也将成为疟疾高危地区，每年会有很多的人感染疟疾死亡！

库伊岛

美国的库伊岛位于夏威夷北方，这里和夏威夷一样，景色优美，还有一种美丽的濒危动物——旋蜜雀，这种鸟类只有夏威夷地区才有，它们身材娇小，身长只有十几厘米，重量不超过8克。它们濒危的原因是人类活动带来的病毒，而且现在情况越来越糟糕，因为气候变暖，这里的蚊虫数量日益增加，旋蜜雀很可能会在人类病毒和蚊虫的威胁下走向灭绝！

贝加尔湖

俄罗斯的贝加尔湖是世界上最深的淡水湖，它的淡水储藏量约占地表淡水总量的1/5。在贝加尔湖当中生活着许多植物和动物，加起来种类大概有2000种。但是人类活动使得这个美丽的湖泊也遭受污染了，现在湖中的有毒废物已经在动物身上“寄生”，而动物无法对其进行净化。如果未来仍想不到有效的解决办法，那么这些动物很可能会大批量死亡，湖水也会被污染。

人类对自然的破坏活动现在已经开始感受到自然的反噬了，生态平衡非常重要，但是我们往往为了眼前的一点利益而毫不犹豫地破坏环境，在我们意识到环境重要的今天，如果不找到和谐发展，与自然共处的办法，那么有一天世界成为病毒和蚊虫的世界也并非没有可能。

不管是为了人类的明天还是地球的明天，我们都应该把保护环境这件事落实到生活的方方面面。保护环境，从我们做起！

生物灭绝

地球在漫长的历史当中，创造了很多物种，同时也毁灭了很多物种。适者生存成为地球上的一个重要的准则。但是如今，一个物种的灭绝似乎变成了很简单的事情，而且这不是自然做出的选择，而是我们人类的选择！

当我们意识到人类活动对自然的破坏之后，已经有很多动物灭绝了，现如今，如果我们不找到可持续发展的办法，继续破坏环境的话，那么越来越多的动物都将从地球上消失！

麝牛

麝牛是极地地区最大的一种草食性动物，这种动物四肢矮小，身材结实，它们总是成群结队地活动。格陵兰的萨肯贝格地区是麝牛主要的生活地。这种古老的食草动物生活环境非常恶劣，因为极地地区总是冰天雪地，使得它们很难觅食。但是随着全球气候变暖，温暖的水汽带来了更大的降雪，使得麝牛的生存环境更加残酷，如果继续下去，那么这种古老的食草动物可能就会灭绝。

大帝王花

大帝王花是南非的国花，它们生长在南非开普敦周边的好望角植物保护区。在这个自然保护区里，有9000多种植物，而且其中34%的物种都是南非独有的，大帝王花属可以说是最奇特的种类了。这个地区的大帝王花可以说是经过了上百万年的演化物种。但是现在这些珍贵的物种也面临着灭绝的命运。在漫长的岁月当中，它们习惯了一种温度，.任何一点细微的改变都可能让这些敏感的植物灭绝，而现在全球变暖，也使得包括大帝王花在内的很多植物面临着严峻的考验。

鲑鱼

美国的哥伦比亚河是当地土著居民的一个“鱼仓”，每年到了一定的季节，就会有好几种鲑鱼从太平洋洄游到这里产卵，因此这里的渔业非常发达。因为哥伦比亚河流量大，短距离内落差大的特性非常便于设立水电站，因此人们在这里修建了很多水电大坝。这样一来水流减缓，而且水坝也阻止了鲑鱼顺利到达产卵地，这使得鲑鱼数量锐减，而且水温升高使得鱼卵加速成长，使得鲑鱼的体积越来越小，存活率越来越低。根据专家预测，截至21世纪末，这个地区适合鲑鱼的栖息地将减少一半左右！越来越小的生存空间威胁着这些脆弱的生物，未来的某一天，它们会灭绝也不是不可能的事情。

玳瑁

海龟是水生物中比较特别的一个族群，玳瑁则是体积比较小的一种海龟。加勒比海曾是玳瑁的乐园，它们在珊瑚礁中觅食，在海边的沙滩上筑巢产卵。而新生玳瑁破壳而出之后，会从沙滩爬回大海。但是随着人们发现了它的美味之后，玳瑁遭受了巨大的威胁，在几百年的时间里，它们被大肆捕杀，加上现在海水升温和海水酸化，使得很多珊瑚礁消失，这将成为它们的又一种威胁，而且温度变高也会影响到孵化的玳瑁性别，这会导致雄龟数量锐减，如果情况得不到改善，那么用不了多久，玳瑁就会彻底灭绝。

地球之所以美丽，正是因为在地球上生活着各种各样的生物，它们将地球装点成了欣欣向荣的景象。但是因为人类自私自利的活动，越来越多的物种走向末路。我们人类如果不能及时反省，那么未来的地球上无疑会变成一片死寂，而人类，也会成为地球最后一种灭绝的动物！

历史中的文化

在地球无比漫长的发展当中，人类出现之后，才有了文明与文化。人们建造了很多城市，很多奇迹一样的建筑，并在城市当中繁衍生息。但是在历史的变迁当中，很多文化都已经消失。

一个城市或地区的消失不一定是被毁灭，当这里世世代代传承下来的独特人类文化消失，这个城市便也等同于消失不见了。历史当中，有些文化可能是因为环境或战争而消失，现如今，我们面临着同样的问题。因为环境的恶化，有些地区可能会在不远的将来成为历史。

卡奥尔

法国南部的洛特河河谷坐落着一座叫作卡奥尔的古城，这个古城从罗马帝国时期就已经存在了，而且一直以来，这里都以酿造红酒而驰名全世界。因为这里的环境适合葡萄生产，有了优质的葡萄，这里才能产出优质的葡萄酒。但是环境的变化已经影响到了这里的葡萄生产。人们预测，到21世纪末，卡奥尔和法国的很多葡萄产区的酿酒文化很可能会消失，成为历史。

赫西尔岛

赫西尔岛是加南大的一个荒漠地区，虽然现在没有人居住了，但是曾经这里是因纽特土著居民的居住地，现在这个岛上仍有很多当时的古迹，在这个岛的东边还有一个19世纪时建成的捕鲸站遗迹。然而，随着海冰和永冻层的融化，这个岛的沿岸地区开始遭受暴风雪袭击和海水侵蚀。随着海岸线不断后退，捕鲸站已经面临着沉入海底的危险。也许在未来的某一天，赫西尔岛上的所有遗迹都会消失，那个时候，我们或许只能从图片上感受曾经的人类文明了。

库尔岗

库尔岗是一个坐落在阿尔泰山脉中的20米高的坟墩，库尔岗是世界上唯一的冰封墓，因为永冻层而一直保持着原始状态，未曾被破坏过。这个冰封墓是游牧民族塞西亚人在公元前1000年的时候留下的。人们通过这个冰封墓才得以掌握塞西亚人的文明。然而因为气温升高使得世界各地的永冻层开始解冻，这里也不例外，也许用不了一个世纪，这里就将被彻底破坏。

亚马尔半岛

在西伯利亚最北方的亚马尔半岛上，生活着以游牧为主的涅涅茨人，他们以驯养驯鹿为主，也是世界上唯一可以和驯鹿和睦共处的游牧人。他们每年随着驯鹿迁徙，驯鹿为他们提供了肉食和皮革。但是全球变暖已经影响到了驯鹿的生存环境，因为亚马尔半岛的下层是永冻层，但是因为永冻层融化，亚马尔半岛上的苔原地可能会受到很大的影响，地面会变得泥泞，不适合迁徙，到了那个时候，也许涅涅茨人与驯鹿共同迁徙的文化便不复存在了。

一个地区的消失不仅仅是看得见的建筑物消失，当人类文明消失的时候，人类也就彻底消失了。而现在，已经有很多人类文明遭受着威胁，如果我们不对其进行保护，那么人类在不远的将来，也将无法逃脱灭绝的结局。

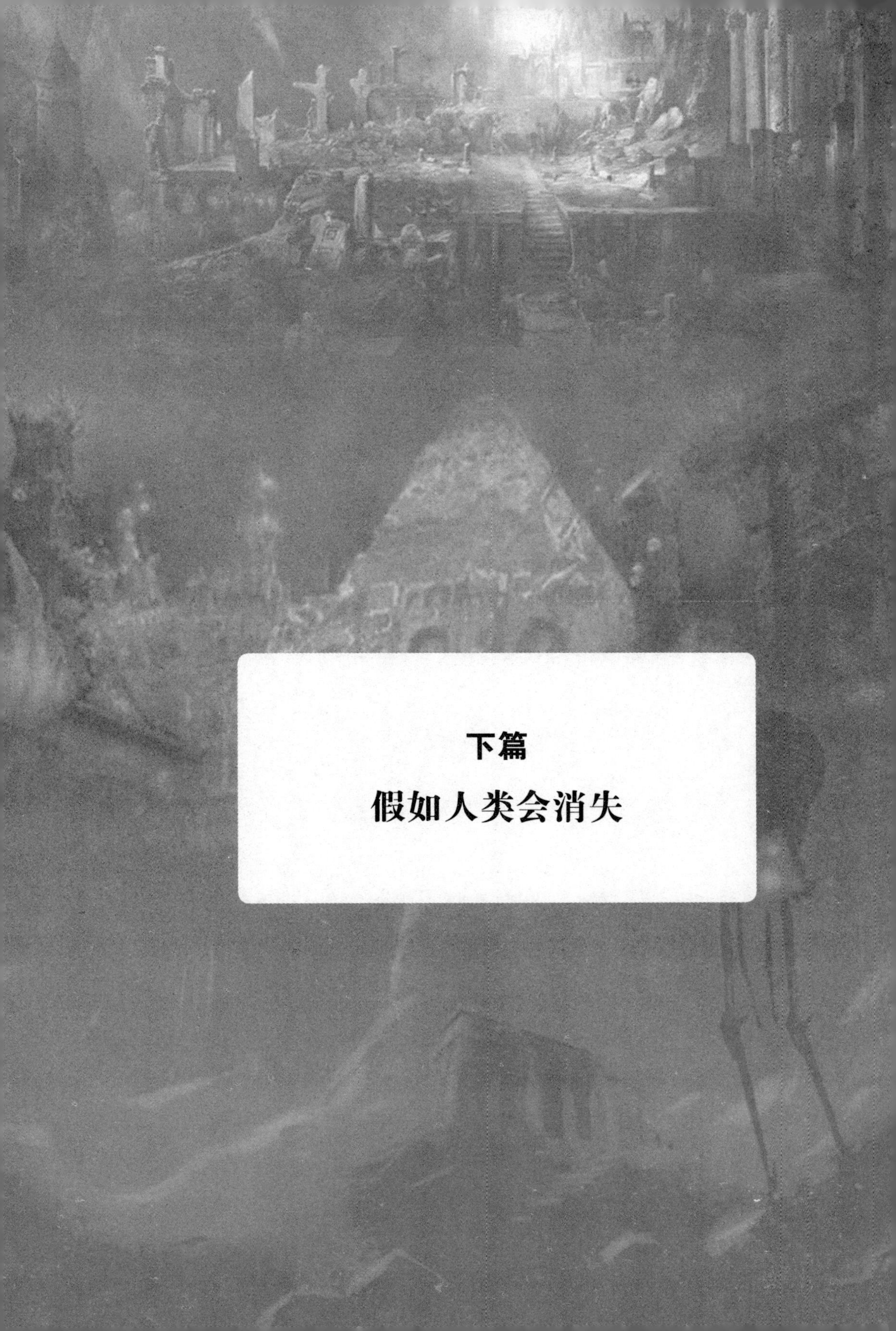

下篇

假如人类会消失

第八章　“无人国度”的幻想

如果人类会消失，那么人类消失之后的世界将会是一幅什么景象？也许，我们可以想象，未来人类消失之后的地球……

可能消失的人

在人类还没有诞生时，地球上的一切都是大自然赋予的，那个时候地球上一片祥和……再后来，人类出现了，人类凭借着自己的智慧开始扩展人类文明，经过了千千万万年的发展，人类终于征服了地球，甚至走向了太空，成了地球的“第一代言人”。

现在的地球上有太多人类文明的痕迹了，但你是否畅想过人类也会有消失的一天呢？人类消失后的地球又会是什么景象呢？

首先，我们可以肯定的是，如果人类消失了，肯定会和千万年前人类诞生的地球不同，因为在人类千万年的繁衍生息中，已经改变了大自然太多太多，也留下了太多的痕迹。虽然如果时间够久，一切终会尘归尘、土归土，但至少在短时间内，这些是不会消失的。

人类在刚刚消失后，首先是城市系统瘫痪，所有的岗位都没有人，过了几年之后，那些通信塔停止工作，高压电网也冷却了，热气没有供应，很多建筑物开始崩塌。慢慢地，那些木房子没人修葺，开始腐烂，钢铁业开始生锈，被腐蚀，街道被漫上来的水浸泡，野草长在田地间，很快，城市中出现了各种动物的身影，没有人捕杀，动物大量繁殖。过了几百年之后，森林开始“侵占”城市，慢慢地地球上只剩下人类活动的一些痕迹。过了几十万年，水质恢复到了原始状态，百万年之后，很多塑料制品业被分解腐蚀……

当然，这只是我们的推测和假想，人类消失之后会不会出现其他的变化我们不知道，因为那个时候已经没有人可以见证了。哪怕是人类全部消失后的第二天是什么样子，我们都无从知晓。

不过，你也可能觉得这有些杞人忧天，毕竟现在科技发展迅猛，人类还没有面对什么毁灭性的打击，为什么要担心这些呢？但事实上，世界上有很多人都徘徊在生死边缘，我们恰巧比较幸运，生活在安逸的环境当中。看看那些可能成为无人区的地方，也许我们就能想象到人类的末路。

在印度的达拉维，有亚洲最大的贫民窟，让人们想不到的是这个贫民窟竟然就在孟买的中心地带！在繁华当中却有那么多食不果腹的人。贫民窟只有2平方公里大的面积，但是居民却超过了100万人！这个贫民窟的生活条件非常差，不仅仅是房间面积小，连最基本的下水系统都没有，可以饮用的水也没有。想要喝水，甚至需要到2公里外的地方才能买到，就算家里用水龙头，也不是随时都可以用水的，而是限时供应。更可怕的是这里的公厕都很少，脏乱差的卫生条件威胁着这里居民的人身安全。我们似乎可以想象到，未来的某天也许这个贫民窟的居民会因为各种疾病而消失。

而和达拉维相似的地方在世界上不止一个。肯尼亚内罗毕地区的基贝拉也是如此。基贝拉城是非洲最大的贫民窟，这里的条件比达拉维还要恶劣，因为这座贫民窟就坐落在垃圾山上！虽然条件非常差，但是在这里还是有几百万人居住。和达拉维一样，这里也缺水，而且根本无法供应纯净水，大坝里的水可以用，但是很可能会有霍乱和伤寒病毒。这里同样缺少排污系统，也没有医疗设施，加上贫穷，让很多人从懂事开始就选择了堕落。如果政府没有有效措施安置这些人，那么基贝拉的人很可能因为吸毒、艾滋或者其他疾病而消失。当这些贫民窟的人消失，他们居住的地方因为条件差，一定会成为首当其冲的无人区代表!

其实，除了贫民窟因为条件差可能会导致居住在那里的人消失之外，有些地方的人也因为环境恶化而面临着“被消失”的危险。

巴西的库巴唐就是一个典型的代表。这个城市曾经被称作“死亡之谷”，之所以有这样可怕的名字，是因为这里大肆发展工业，而工业排废没有经过处理，使得大气受到污染，直接的影响是竟然有十几个新生儿没有脑子！这样可怕的事件让巴西人意识到这里必须要治理。虽然政府做出了很大的努力，而且现在它也不是世界上污染最严重的城市，但是在科学家看来这里仍旧是非常危险的，因为很多污染对人们的影响是非常长久的。这里的空气、土壤和水资源都不安全。事实证明，库巴唐的居民患癌症的比率很高，各种神经系统疾病的发病率也比其他城市高出好多，这绝对不是巧合两个字能够解释的。

人们如果一味发展经济，破坏环境，那么再发达的工业城市最终没有人类也只是一座死城！在赞比亚的卡布韦和俄罗斯的捷尔任斯克都面临着可怕的污染，尤其是捷尔任斯克，这里因为是俄罗斯的化学中心，生产化学武器，因此有很多有毒物质，甚至有些有毒物质存在于生活用水当中。即便人们不会因此猝死，也会影响身体健康，缩短寿命。

不要觉得人类消失不可能，时间会证明一切，想想曾经繁荣的长崎和广岛，原子弹爆炸中心周围的地区直至今日仍旧寸草不生。那些没人的军事禁区，都在向我们展示着赤裸裸的孤寂感。

即便我们今天仍旧繁荣昌盛，但如果不知节制，放任自然被破坏，那么我们无疑就将走向灭亡的道路！

喧嚣的水世界

从遥远的太空俯瞰地球，地球是蓝色的，因为大部分面积都被海洋覆盖。而如今，随着气候变暖，海平面上升，陆地的面积越来越小。于是，有人猜想，未来的地球会不会是一片汪洋，我们生活的城市会不会和亚特兰蒂斯一样沉入海底，变成水下世界？

我们可以试着猜想一下，未来人类消失之后，陆地会不会也成为海洋的“奴隶”。首先，水是我们赖以生存的资源，同时洪水又是非常可怕的，千百年来，人类为了防洪做出了不少努力，维持着生活，但是当我们人类消失之后，这些设施都没有人管理修葺了。在人类刚刚消失的几天里，最先“暴动”的是陆地附近的水。人类消失之后，没有人再做气象预报，也没有人会根据预报做出准备，于是飓风袭击了一些海岸，有些地方遭受了洪水袭击。

水族馆中的情况也不容乐观，人类消失了，没有人再管理水族馆，于是水族馆的水中动物开始互相捕杀，最初的几天水族馆中的动物不至于被饿死，但发电站没有人了，水族馆中的水泵也断电了，水族馆中的水没有氧气，也没有人排去水中的废物，渐渐的，水族馆中的大批鱼类开始死亡、腐烂，鱼市的情况也是一样……

随着很多动物的腐烂，吸引了许多食腐动物，它们会来到城市，然后开始大快朵颐。没有人管的宠物们可能会在城市中游荡，那些不会在水族馆中被“憋死”的鳄鱼很可能发现它们，动物园的各种动物们也可能会跑到街道上，渐渐的，城市开始成为真正的动物乐园。它们在超市中找食物，在各种商店和大楼里奔跑……

那些生活在海边的动物也可能开始向曾经人类的生存地行进，因为在人类消失几年之后，没有人去管水坝，也没有人去关注海岸线是不是被腐蚀了，失去阻挡洪水的大坝，任何一场暴雨都可以淹没一个地势低洼的城市。

人类消失几年之后，部分地区已经被洪水吞噬了，有些城市的洪水退去了，但是没有人类对房屋建筑进行修补，这些建筑渐渐被腐蚀，只有一片荒凉向没人观看的世界展示着灾难过后的景象。

洪水还会将很多微生物带到房屋里，它们在这里生长，那些具有破坏性的霉菌诸如葡萄穗霉就开始捣乱了，它们将房屋里的所有墙面和木头都破坏掉，经过几十年的时间，整栋建筑就都变成了一片废墟了。而防洪堤也是一样，没有人及时修缮，即便能够阻挡最初的几次洪水袭击，它们也会在多次洪水中被盐分腐蚀，也许几十年它们就无法阻挡洪水了，进而堤坝被毁，有些地势高的城市也开始遭受洪水侵袭。于是，有些原来是陆地的地方开始有鱼类，洪水退去后并不能完全离开，因为堤坝可能还留有一部分，在洪水慢慢退去的时候，堤坝挡住了一部分水，这样一来，有些城市就变得和“威尼斯”一样了，原来人们行走的街道上现在是畅游的各种鱼类和其他水生物。

而那些比较高的建筑物就成了鸟儿们栖息的圣地。比如西雅图的太空针塔，此时已经不是游客们观光的地方，而是各种鸟类建造家园的地方了。在几十年的岁月里，没有人们对其进行维护，整栋大楼破旧不堪，但那些习惯在悬崖筑巢的鸟类可能会喜欢这里，毕竟那个时候的城市已经没有令它们感到恐惧的人类了，有的只是各种各样的动物！

大概在人类消失百年过后，海洋生物在一次次地洪水中滞留在各种人类遗留的废墟上，比如倒蹋桥梁或是沉没的船舶，它们觉得这里可以成为不被敌人发现的避风港，而且这些东西总有微生物喜欢！于是很多海洋生物开始以这里为家，渐渐地，有些聪明的大型海洋生物也过来凑热闹了，因为这里有许多美味，就这样，在原来人类赖以生存的家园里，海洋生物开始取而代之。

没有了人类的干预，很多动物都开始活跃起来，它们大肆繁殖，海狸鼠爬上曾经人类不允许它们爬上的堤坝，并在残存的堤坝上挖洞筑巢，这样一来，堤坝更加脆弱了，紧接着，很多侥幸逃过时间腐蚀的堤坝也开始不敌洪水，许许多多的城市被海水一遍遍的侵蚀，被海水中的盐分一遍遍腐蚀……

两三百年之后，即便是寿命最高的建筑看起来也残破不堪了，毕竟没有人对其进行维护，而这些建筑又总在风雨和洪水中被洗礼，也许只待一次较强的飓风，这些建筑就会轰然倒塌。

废弃的宝物

我们时常在想，世界末日会不会到来？当世界末日到来的时候，会不会有幸存的人，未来幸存的人又该怎么生活呢？其实，考虑这些问题的不仅仅只有我们，很多大人物们也在考虑！为了世界末日之后人们仍旧可以继续繁衍生息，于是人们把很多宝物都“藏”起来了！

比如那些珍贵的史前遗迹，这可是人类起源的证明，必须要保存好，于是人们可能会将这些东西藏在了一个神秘的山洞中。除了文物之外，植物种子也是非常重要的，毕竟有了这些世界末日之后人类才能继续生存。

于是人们又在一个山洞中挖了地窖，建立了末日种子库。大概有上亿颗种子被保存在这里，而且能够保证它们存活1000年，其中高粱种子甚至可以存放将近2万年。不管是存放史前遗迹的洞穴还是末日种子库，安全系数都是非常高的，堪比美国的国家黄金储藏库一样，不仅可以抵御地震，就连核武器都对它无可奈何。

只是，如果有一天人类消失了，那么这些收藏宝贝的地方再安全，还有意义吗？这些能够在千年之内都充满活力的种子，又怎么能够自己打开关着它们的“监狱”大门，自行到外面生长呢？

我们可以设想一下。首先是那些现在仍在展出的宝贝，比如达·芬奇的传世画作《蒙娜丽莎》。这幅油画的载体是木板，很容易受到湿气的影响而出现膨胀或收缩，于是人们想办法，将它保存在了密闭的容器中，这个容器里还有传感器，以便人们可以感知到木板的细微变化。同样被保存完好的还有美国1776年印发的《独立宣言》，因为是纸质的，所以人们将它放在了无氧的密闭的盒子里，这个盒子可以调节环境，存放盒子的房间也可以自动调节环境，这样一来就不用担心湿气、光、热的威胁，让它可以存放几千年。

但是，当人类消失之后，就没有人再监测存放着这些宝物的房间了，也没有人对这里的环境进行调控，它们能够保存多久，就成了一个未知数。

人类消失了一段时间之后，供电系统就会瘫痪，那些缆车也停止了运作，挂在缆绳之上，摇摇欲坠，横跨在水上的大桥也陷入了死寂当中。当然，用不了多久这里就会再次喧嚣起来，只是喧嚣不再是人类制造出来的各种声音了，而是那些被人类遗留食物的腐烂招引来的大批野兽，他们来到市区，找到了很多人们饲养的宠物，而那些逃脱了的宠物也可能会跑出来，在市区里玩耍、游荡……

当然，有些宠物可能并不知道人类已经消失，还在家里老老实实地等待主人到来，没有人给它开门开窗，它自己也做不到，最终只能在家活活饿死。这个时候很多事情就会发生逆转，比如一直以来活得比较艰辛的流浪动物，这下可以在市区里尽情玩耍了。当然，这些动物们是无法侵入博物馆或者是什么安全系数高的大楼，所以人们精心保护的“宝贝”这个时候还是非常安全的。

至于那些深藏在洞穴里的壁画也无需担心，因为这些在人类没有发现并对其进行保护的情况下这些壁画就已经存在成千上万年了，所以短时间内即便不去管它们也不会有太大的问题。而末日种子库中的种子也许就没那么幸运了。之前人们用电力系统将贮存种子的环境设定在零下20℃，但是因为电力系统瘫痪，备用发电机也只能用一段时间，所以在电力中断之后种子库的温度就会上升，虽然周围是永冻层，但温度达不到零下20℃，它们将不能被长久保存。

当人类消失十几年之后，问题可能出现了。比如我们之前说的《独立宣言》，之前独立纪念馆存放《独立宣言》的房间一直由板子遮盖，这样可以保证这个房间不受阳光侵蚀，但是如果窗子上的木板哪怕露出了一个小小的缺口，那么紫外线就会进来肆虐了，因为紫外线和红外线会让纸张上的字体褪色！也就是说，即便纸张没有被湿气腐蚀，它也不过是18世纪的一些无用纸张罢了。

在人类消失几十年之后，末日种子库当中的一些种子开始失去活性，第一批走向死亡的种子是莴苣和向日葵的种子，它们一般只能存活至多不过75年。根据科学家们的研究，这两种植物当中有一种抗衰老的蛋白，当这种蛋白被破坏之后，种子就开始死亡了。当然，过了几十年没有人类的时间，种子库外面的世界也开始分崩离析，很多人造建筑中的钢筋水泥都变得不堪一击，说不定哪一天，哪一点微小的刺激，就会让一栋摩天大楼轰然倒塌。而那些活下来的宠物也许开始回归野性，变成了人们驯养之前的那种野兽，毕竟没有人类治理的世界会陷入最原始的弱肉强食，它们可能会变得非常暴戾，在很多大厦之间穿梭觅食。无意中或许也会伤害到某些我们想要保留下来的传家宝。

100年之后，人们努力保护的《蒙娜丽莎》也会失去笑容，在空气微尘上百年的努力下，终于成功侵入到保存画作的密封条里，进入密封柜，然后水汽也跟着进去，开始腐蚀《蒙娜丽莎》的笑容。不过这个时候，已经没有人能够继续保护这个画作了。

再经历几百年，森林开始侵入城市，光和热也已经骚扰《独立宣言》多时了，这个时候褪色的《独立宣言》连纸张也很难存世了，只要保存的盒子出现裂缝，空气进入，那么它也将和其他所有的东西一样，腐化后灰飞烟灭，《蒙娜丽莎》也将彻底消失了，而博物馆的其他作品也差不多。

几万年之后，末日种子库彻底失去作用，因为没有人时时更新，那里的种子已经活到了上限，也唯有死亡一条出路了，它们无法孕育新生命，不管外面的世界会怎样，最终末日种子库会迎来自己的末日。

“变形金刚”之家

在漫长的岁月当中，人们为了更舒适便捷的生活，发明了很多工具，其中有一些发明是具有跨时代意义的，而汽车，就是这样的一种工具。因为有了汽车，人们才能在出行的时候缩短很多时间，因为有了汽车，运输才会变得非常便利，但也因为汽车的数量越来越多，使得经济发展的同时排出的温室气体也逐渐增多，破坏了环境。

那么如果有一天，世界上的人再也不用汽车的话，会是一幅什么景象呢？你或许觉得这是不可能的事情，如果所有的汽车都“罢工”，那么很多产业都要停止了。不过，我们也可以换一个角度来猜想，如果人类会消失，那么汽车或许也就毫无用处了。那个时候，这些“变形金刚”会是什么样子呢？

首先看看汽车重要的“血液”好了。我们都知道，大部分汽车是靠汽油前行的，在人类消失之初，炼油厂和化工厂——为汽车供给“血液”的地方会出现危机。反应塔就是危机出现的始作俑者。所谓的反应塔，是炼油厂中一个巨大的柱子般东西，石油通过这里被降解成为汽油，而促使这个“大柱子”工作的原料是油罐中的石油。但是人类消失之后，没有人继续给油罐填油来维持反应塔的运作了，很快，供料的油罐空了，反应塔无法正常运转，塔内的原油无法达到分解温度，使得反应塔的温度上升到成千上万度，别忘了，反应塔当中可是汽油蒸汽！如果反应塔因为高温而炸裂，那么里面的汽油蒸汽就会在瞬间爆炸，还会波及周围的油罐，引起连锁反应，短短的几秒之内，整个炼油厂都会葬身火海，周围的一切可能都会被大火吞噬，而燃烧产生的各种污染气体在短时间之内也不会消散。可是这个时候已经没有人类来处理这一切了，只能等待大火自然息灭。没有人类也不用担心人员伤亡，但炼油厂周边的生物就遭殃了。可惜那时也没有人去保护它们了。

除了一些宠物可能在街上游荡以及炼油厂爆炸产生的巨大声响之外，城市中可能陷入一片死寂，无人驾驶的汽车在街上或者街边停留着。汽车产业非常发达的汽车城——底特律更是如此，汽车生产线停止运作，公路上也没有汽车奔驰。此时世界著名的“变形金刚”之家也开始面临着崩溃的威胁。

虽然在人类最初消失的时候，底特律不会有什么大的变化，但是很快就会遭受洪水袭击。因为在底特律市中心东边不远的地方是密歇根州最高的建筑——自来水厂。当人类消失之后，全国发电场都会停止供电，不过这里仍旧在运作，因为断电之后这里会有自动开启的发电机，不过发电机的柴油也只能让它继续工作两天的时间。就是因为它没有停止工作，所以出现问题了，因为水龙头全部关闭，没有人使用自来水，但是自来水厂的水照旧会进入输送管道，当输水管道的水无法流出，那么管道就会崩裂，所有的水从地下涌上地面，最终的底特律就不是汽车城了，而成了实实在在的“水族馆”。

然后在几十年后，底特律成为了最糟糕的地方，因为这里夏天总是特别炎热，冬天又特别寒冷，加上湿气，使得这里的建筑物也受不了时冷时热的折磨。建筑物的钢筋铁骨在湿气和大风的腐蚀下渐渐老化，最终支持不了整个大楼，许多建筑就轰然倒塌，或者变成高危建筑。不过这伤害不到任何人，因为人类已经消失了。但是大楼中可能有动物，如果在倒塌的时候它们来不及撤离，那么就会遭殃了。

变成一片废墟的底特律杂草丛生，再也没有了现代化的繁荣景象，无论是运货的卡车还是曾经敞篷的豪华跑车，在几十年后看起来都肮脏破旧，也许有些动物会在车里搭窝生活。只是这再也不是能用繁荣形容的景象了。随着几十年的岁月过去，植物和动物都开始在底特律生根发芽，也许一些藤蔓会借着大楼的缝隙生长出来，攀爬到街边的车上。不管是车子还是房子，都已经变得面目全非了。

此时的汽车之城和那时地球上所有荒废掉的城市一样，完全看不出它曾经的辉煌，也看不出这里是“变形金刚”的故乡了，它完全失去了自己的特色，和许许多多被水淹没、被动植物占领的城市一样，成为大自然的一部分。

当人类消失上百年之后，底特律那些吊桥也会坍塌，大楼也已经坍塌，此时的城市看起来和野外一样，只不过有些建筑物的残留石块罢了，当然，那些还来不及被分解的玻璃、垃圾也都在其中。动物们在看不出原貌的汽车里居住、玩耍，一片祥和。

然后，时间再继续流逝，当千年过后，底特律这个“变形金刚”之家已经彻底消失了，这里变成一片湿地，成了各种动物的乐园，它们代替人类和汽车，成了这个地域新的主人，而这个地方也将无法称为城市了。只有那些藤蔓之下看不出本色的汽车残骸，证明着曾经的辉煌。当然，当大水蔓延淹没整个城市，这一切都会不复存在。

金属的去向

人类文明发展到一定时期之后，财富便成了证明一个人能力、维持优质生活的基本物质。那些有钱人将大量的金钱放到了瑞士银行，因为那是永久中立国，即便国家覆灭，财富依然存在。也有些人用金钱换了许多宝石、黄金，用来收藏、升值。然而，这一切都是以人活着为前提的，如果有一天，人类灭亡了，那么这些财富也会失去它本来的意义。即便是固若金汤的瑞士银行，也不再是财富乐园了。

除了瑞士银行之外，世界各地的银行业都一样，固若金汤，却毫无价值。以纽约的中心曼哈顿来说好了，人类消失之后，大批财富都存留在纽约联邦的储备银行当中，很多外国政府和中央银行的财富也都聚集在这里，除了大笔现金之外，这里还有许许多多黄金。也许除了黄金出产地之外，再也没有比联邦银行更大的金库了。为了妥善保管这些黄金，银行在地面下方约25米深的地方建造了密闭的房间，黄金就储存在这里。在隔绝了水和风的情况下，这些黄金可以保存很久很久。

黄金，是金属当中最“懒惰”的成员之一了，它不喜欢和其他的化学物质反应，因此在很长一段时间里黄金都不会被腐蚀生锈。不管它是暴露在阳光下还是空气中，就算泡在水里也不用担心。不过并非所有的金属都和黄金一样懒洋洋的，其他的金属稍微活跃一点很快就会“倒霉”了。

在城市中最喧嚣的城市当中，人类消失之后一切噪音也会渐渐消失。大概在人类消失两天之后，电网就瘫痪了，这个时候城市开始大范围断电，到了晚上，整个城市陷入死寂当中，不过短期内金属还不会有什么变化。

只是制成啤酒厂原料罐子的金属就没那么幸运了。在人类消失后几天，啤酒厂无人管理，那些会发酵的原料还在罐子中继续活动，它们可不需要电力支持，只要有温度和湿度它们就能在罐子里闹翻天。

发酵的过程将原料中的糖和酒精分解，同时产生大量的二氧化碳，二氧化碳越聚集越多，使得原料罐当中的压力无限上升，开始挑战原料罐这种金属的极限。即便是再坚硬的金属、再有韧性的金属也有极限，当它无力承受巨大的压力，且断电导致冷却装置停摆之后，原料罐就会走向崩溃的边缘，也许仅仅几十个小时，啤酒厂的原料罐就会发生爆炸！

在啤酒厂的原料罐爆炸之后，金属们在短期之内应该不会有什么改变了。不过一年之后，很多变化就可以看出来了。动物们开始跑到纽约，在城市中玩耍生活，经过风霜雨雪的侵蚀，也许城市当中的很多建筑的钢筋开始发出崩断的声音，很多建筑变得摇摇欲坠，看上去就像是博物馆中的恐龙骨架那样。

再过上几年，很多动物或许都重新回归森林或草原了，毕竟城市荒废后杂草生长的速度和质量都不比野外，不过这些杂草和藤蔓却有不少水分，如果它们攀爬在金属物体上，那么这些金属肯定已经锈迹斑斑，变得非常脆弱了。当然，黄金除外，这些腐蚀在短短的几年时间里还不至于影响到它的本色。

当人类消失十年之后，很多铁制品已经锈得不成样子了，甚至一点风霜雨雪就会让它们灰飞烟灭，相较之下，不锈钢要好很多。因为不锈钢的特别设计，使得它表面上有一层氧化铬，可以保护它减缓氧化和被腐蚀的速度。不过减缓被腐蚀不代表不会被腐蚀，虽然速度很慢，但只要时间够久，最终也难逃毁灭的命运。

人类消失几十年之后，很多金属都开始腐朽了，那些博物馆当中支撑动物骨架的金属很可能难以自持，一点点风吹草动就让它摇摇欲坠，而这些金属的毁灭一定会有它支撑的骨架作陪的。而且很多化石当中都有一种叫作黄铁矿的矿物质，这种物质只是相对稳定的，遇到水的时候，它就会产生激烈的反应，这回直接导致骨架化石的损毁。不过那个时候已经没人会觉得可惜了，因为人类已经不存在了！

当人类消失百年之后，城市当中或许随时都会有钢筋断裂的声音响起，很多吊桥上的金属缆绳也摇摇欲坠，即便是最坚固的钢索，无人管理维护，经过百年的岁月它还是会生锈老化的，而大桥坠落水中，等待的只是缆绳的一个极限。几百年之后，大多数的建筑都已经倒塌，这个时候城市当中才迎来了最终的宁静，不过也并非所有的建筑物都会损毁，那些被不锈钢保护着的建筑物依然坚挺，因为不锈钢的氧化速度比其他的金属要强多了！但如果支撑不锈钢的支架是普通金属，那么最终建筑物还是会倒塌，只有不锈钢留在原地，闪闪发光。

当人类消失数千年甚至上万年的时候，再顽强的金属也难以抵挡岁月的步伐了，黄金除外，只是保存着黄金的钢铁已经被腐蚀殆尽了，而那些曾经坚挺的不锈钢此时也不知所踪了，也许未来的某一天，再次有新“人类”出现的时候，这些沉睡的黄金才能重新派上用场吧！

沉默的武器

弱肉强食似乎是自古以来形成的自然法则，但是人们将这种法则最大化了，为了让自己变得更强，人们开始发明各种各样的武器，随着武器的不断发展，人类社会变得岌岌可危。如果有一天，我们人类消失了，那么这些武器又会发生什么变化呢？它们会自行爆发，还是和所有的建筑一样，最终腐朽在岁月当中呢？

在人类刚刚消失的几天里，大部分武器都会和和平年代一样，安然地待在自己应该待的地方，除了那些隐藏的危机。早在冷战时期就有一载有核武器的潜艇沉没在了太平洋的某个地方，虽然在1974年的时候中情局打捞出来了部分潜艇的残骸，但是核弹头导弹仍旧沉睡在海底，每个核弹头当中都有3千克左右重的引信钚，还有外层的氘化锂，氘化锂遇水就会爆炸，在潜艇沉没的时候，至少有一枚以上的核弹头被损坏了。人类消失之后，海水继续腐蚀已经坏掉的核弹头，说不定在哪一秒，海水就会和氘化锂来个亲密接触，到时候海底就会发生可怕的爆炸。

而那些停放着各种战斗机的停机场则异常安静，没有人来人往，也没有人看守，也许会有一些野兽在周围游荡。那些被涂满乳胶涂层的战斗机可能会保存很长时间而不会被腐蚀，只是不知道它们在接下来的漫长岁月中能不能等到重新启动它的人出现，如果没有，那么它最终也难逃毁灭的命运。白色的乳胶封闭了整个飞机，雨水和尘土乃至阳光都不能对它怎么样。

停在水中的战舰通常都会有防腐蚀系统，但是人类消失之后没多久就会断电，这样一来战舰中的防腐蚀系统就会停止工作，此时的海水会侵蚀战舰，不过几天之内还是不会出现问题的，因为所有的船体外面都刷了防腐蚀的油漆，只是这些油漆的保护作用能够持续到什么时候，就不得而知了。

在人类消失几个月之后，有些老旧的战舰可能开始被海水侵蚀。这时，可能会有鸟儿注意到这些，然后来到战舰上安营扎寨，反正没有了人类，它们也不用惧怕些什么。在水下，因为战舰被海水腐蚀，可能会成为某些海洋生物的乐园。不管战舰曾经有多么不可一世，现如今没有人类操控，它对于最微弱的动物而言也没有任何威慑力，只要这些动物想要在这里安居乐业，战舰就没有拒绝的权利。

而且鸟儿还会将很多植物的种子带到甲板上，随着土壤和落叶混合，渐渐的，战舰上的甲板成为海上的“花园”，同样可以成为植物生长的沃土。而此时，海下的核弹头仍旧继续被腐蚀着。如果在人类消失的几天当中这些核弹头侥幸没有爆炸，那么在未来的日子里就不好说了，也许某一个时刻，它就会突然爆炸，到了那个时候，虽然我们人类感受不到痛苦了，但是海洋中的生物却要迎来一次巨大的灾难了！

在接下来的几年当中，这些武器和所有的建筑一样，安安静静地继续遵守着“沉默是金”的原则，除了海底那说不准什么时候就会爆炸的核弹头！十几年过去之后，那些停泊在港湾的战舰会随着风浪离开港湾，因为经过十几年的时间，固定战舰的缆绳早就老化断裂了，这个时候战舰和海上的浮木没有什么区别，都只能随波逐流，运气好的话不会被风浪击沉，运气不好的话，它就会沉入海底，成为许多喜欢暗礁的海洋生物的新家园。

而那些一直在停机场停着的战斗机现在也完全失去了意义，无人管理、无人使用，此时的它们看起来就像橱窗中的玩具一样，毫无威慑力，当然，它们或许还不如玩具，因为此时的武器已经毫无用武之地，没有任何价值而言了！即便飞机外面包裹着白色的乳胶，但是几十年过去了，这些飞机也同样开始受损了。在风沙当中，飞机上的涂料全部剥落，没有了保护壳的飞机和普通的废铜烂铁也没有什么区别了。说不定在飞机中还有喜欢在这里安家的一些动物们。毕竟这些铁壳子要比在外面安全多了，而且座椅怎么都要比树枝和石子来的舒服。即便战斗机拥有战斗魂，也不得不屈从于现实，没有人类使用，成为动物的安乐窝，或许是它彻底腐朽之前的唯一一点价值了。

如果人类消失了几十年沉睡在海底的核弹头还没有任何反应，那么就不太现实了，经过几十年的海水腐蚀，这些核弹头再结实外壳上也会出现小裂痕，而且深海的压力会将这个小裂痕彻底撕成一个大口子！接下来，海水会以巨大的压力压向钚核心，这种压力就相当于近800吨的重物压在上面！不过唯一的好处就是这种压力可以削减核弹爆炸产生造成的巨大威力，互相抵消，但是海水却无法抵消掉核辐射。所以在核弹爆发之后，一大片区域内的海生物都会遭受可怕的核辐射。

在几十年后，再冰冷的军事禁区也会生长出植物来，除了那些遭受过核辐射的地区，杂草丛生，让很多军事基地多了一份自然，少了一份恐怖。许多军事要地都开始生长出了各种各样的植物，说不定还有在此逗留的动物。它们肆无忌惮地在曾经闲人免进的禁区玩耍、猎食，反正没有人能够管它们。近百年之后，战争留下的最坚固的遗迹也开始腐败，这个时候即便有人类的话，枪支弹药也已经无法发挥作用了。

在人类消失几百年之后，所有的军事基地都已经和自然融为一体，飘荡在海中的战舰有可能像“幽灵船”一样游荡，也有可能早已经沉没海底了。

灭绝和新生

我们做出了很多种人类消失之后的幻想，比如我们消失了，然后动物和植物称霸天下。但这就像我们所说的那样，是幻想。人类消失之后，大自然确实有可能重新繁荣起来，但也有另一种可能，就是人类消失之后地球上的很多生命也随之消失了。

这并非是不可能的事情。现在我们走在灭亡的边缘，比我们更危险的是那些濒危动物们。随着全球气候的不断变化，越来越多的动物走向灭绝。未来的某一天，也许人类灭绝的同时动物们也会在这个地球上彻底消失。

有科学家做出过研究，现如今几乎物种以每小时消失一种的速度经历着灭亡。其实，不仅仅是那些濒危动物比较危险，随着人类活动的加剧，物种灭亡的速度很可能呈几何式增长，到了那个时候，我们人类在消失的同时，地球上的其他生命说不定也会陪着我们一起“殉葬”了。

根据生物学家的测算，在过去的500年间，有近6000个物种灭绝了，照这个速度，用不了几百年，地球上很可能只剩下我们人类，而人类的消失，则代表着地球的终结。近几年来，有很多物种已经消失在地球上了，它们比我们人类还先灭绝，在我们畅想人类消失之后的世界前，不妨先和这些先一步离开的物种认识一下。

夏威夷乌鸦

几乎没有人喜欢乌鸦这种动物，因为乌鸦似乎总是预示着死亡。但是夏威夷乌鸦肯定没有想象过，有一天它们会先于人们死亡。在20世纪末的时候，夏威夷乌鸦已经是濒危动物了，于是人们对几十只夏威夷乌鸦进行了人工孵化，之后这些乌鸦被放生，但是这些乌鸦最终还是没能幸存下来，最终可能因为一些传染病而彻底灭绝了。

斯皮克斯金刚鹦鹉

斯皮克斯金刚鹦鹉在21世纪初宣告灭绝。其实，这种鹦鹉本身就非常稀少，在20世纪末的时候，有人抓到了3只野生的斯皮克斯金刚鹦鹉，不过接下来抓住这个鹦鹉的人将它们高价卖了出去，这些鹦鹉有没有好好活着没人知道。为了让这种鹦鹉不至于灭亡，于是有人对其进行人工饲养，但最终还是没能阻止它们走向灭绝的脚步。

金蟾蜍

金蟾蜍也被称作“橙色蟾蜍”或是“蒙特沃尔蟾蜍”，它们的栖息地在哥斯达黎加的蒙特沃德雾林当中。人们最后一次见到它们是在20世纪末的时候，在21世纪初，科学家们宣布，金蟾蜍已经彻底从地球上消失了。

西非黑犀牛

西非黑犀牛是非常珍贵的物种，但是偷猎者们却并不担心它们灭绝，他们只关心这些犀牛能不能卖上一个好价钱。物以稀为贵似乎直接让捕猎者将视线放到了可怜的西非黑犀牛身上。在21世纪初，全世界的西非黑犀牛已经仅剩10头了，这已经预示着接下来它的灭绝了，事实证明，现在世界上除了博物馆之外再也看不到西非黑犀牛的影子了。

白鳍豚

白鳍豚号称是“海中大熊猫”，其珍贵程度不言而喻。但是在21世纪初，白鳍豚只在2002年亮相过，之后人们便再也没有见过它们了。白鳍豚主要在我国长江中生存，但在2002年之后，科学家们几次对长江进行探索，航行了3000多公里都没能找到白鳍豚的踪迹。虽然很不愿意承认，但事实证明，这种可爱的动物很可能已经从地球上彻底消失了。

它们本身就是濒危动物，数量很稀少，加上生态环境的破坏，让它们很难在自然当中繁衍生息，而且有些人喜欢白鳍豚的皮，有了市场就有了杀害，致使白鳍豚数量越来越少，最终灭绝了。

比利牛斯山羊

山羊在我们看来应该是数量非常多的一种动物了，但是其中有一种叫作比利牛斯山羊的物种已经灭绝了。曾经它的数量确实非常多，但是到了21世纪初，人们发现了最后一只比利牛斯山羊，更加让人感到绝望的是这次人们发现的是一具尸体，由此，比利牛斯山羊彻底灭绝。虽然人们也曾试图通过高科技让这个物种重新活过来，但是克隆之后的山羊仅仅活了几分钟就死于肺功能衰竭了。为什么这样一种曾经疏朗繁多的山羊会灭绝呢？或许人类偷猎占了很大一部分原因。

当然，近几年灭绝的物种绝非仅有这几种，我们只是通过列举来证明人类和地球的末路。那么在人类灭绝之后，地球上的生物除了给人类陪葬之外有没有另一种可能呢？千百年来，物竞天择，适者生存，很多动物已经练就了适应环境改变的能力。

当我们人类迎来灭亡的时候，有些动物可能跟我们做伴，也有些动物可能迎来新生。换句话而言，我们走向末路的时候，有些动物可能更上一个台阶，根据环境的变化而进化，从而形成一个新的物种。

不过，新物种的形成是一个非常漫长的过程，根据达尔文的进化论来说，一个种群的基因频率如果发生改变，那么升值隔离就会产生，接着会产生新物种。世界上同一物种的个体受到地理上的隔离，进而出现了完全不一样的改变。但如果新生的速度赶不及毁灭的速度，那么最终这些生物还是会跟着我们人类走向终点。

从另一方面来说，新物种的诞生也未必是什么值得庆幸的事情，如果我们人类逼着动物适应环境并做出改变，那么未来的某一天说不定动物会掌控世界，而它们正是我们人类消失的原因。那么至今为止，有新生物种诞生吗？答案是肯定的，以下几种就是近些年来发现的新生物种。

蚓螈是一种和蚯蚓长得很像的两栖动物，两栖动物区别于鱼类的地方就在于它们可以用肺呼吸。但是随着环境的改变，有些生命力很强的动物改变了自己的生活习性，于是出现了没有肺的蚓螈，没有肺的蝾螈以及没有肺的青蛙！

除了无肺的两栖动物之外，有些鱼类还产生了返祖的情况。在2007年的时候，人们发现了一种新的鱼类，于是人们将其命名为吸血鬼鱼，这种鱼长着吸血鬼一样的牙，因此得名。不过这种小鱼并没有吸血鬼那么可怕，它只有1厘米多一点长，属于鲤鱼科，但是鲤鱼科当中并没有长牙的鱼类，因为在几千万年的进化中，鲤鱼的牙齿已经退化消失了。因此这种鱼的出现让人们联想到了返祖状况的发生。只是区别是吸血鬼鱼的牙齿是在不断进化出来的。

另外，还有很多让我们想象不到的新物种，比如只吃素食的蜘蛛，以及长约1米的长毛老鼠等等，或许地球上有了新生命让我们感到骄傲，但是从另一方面来看，也是让我们感到毛骨悚然的事情。如果动物过于强大，那么未来有一天就不是设想假如人类会消失，而变成了幻想“假如人类不会被消失”了……

生命是一场无声的轮回

随着科技的不断发展，我们也渐渐开始感受到科技的反噬作用了，比如环境的恶化，就是人类文明过度发展导致的结果。到了这一步，世界上最后的净土或许不是科技最发达的地区，而是那些生活着原始部落的地区了。

生命就像是一场无声的轮回，当人类即将消失的时候，地球上留下的最后人类文明或许并不是什么高科技，而是最原始、最朴实无华的人类文明。

虽然现在科技高度发展，大部分人都过着现代化的生活，但是在60多个国家中仍然有几千个土著民族，他们没有被任何现代的科技所影响，过着时间定格一般的简单生活。那么现今如果想要找到一片净土，要到哪里去呢？

在博茨瓦纳的卡拉哈里，生活着布须曼人。本来他们在自己生活的土地上过着最简单的生活，但是让人们想不到的是他们最终竟然被政府赶走。之所以他们遭受着这样的命运，是因为人们的贪欲所致，他们一直生活的那片土地中蕴含着丰富的钻石资源，因此，政府为了得到利益而赶走了他们。也许，人类的灭亡就是由人们亲手毁掉自己的文明开始的。

其实，有很多土著人都过着非常原始的生活，也许他们不懂现代的科学技术，但是对于自然界的知识他们只要得要比我们多得多，他们知道怎样和动物相处，知道这样可持续发展，知道怎样才不会让大自然“动怒”……如果未来的某一天人类开始消失，那么他们所生活的地区也许是世界上最后的一片处女地，而他们也许是人类最后的希望。

当然，不同的土著部落也有不同的生活习俗，他们虽然没有现代的高科技，制度和法律也没有很多国家制定得那样细致而全面，但他们也拥有自己的社会制度，千百年来，他们正是靠着这些简单的制度繁衍生息。

而且以现代人的眼光来看，这些土著人的一些习惯甚至有些怪异，但是这恰恰是他们的文化。比如新几内亚有一个土著民族，当丈夫死后，妻子戴孝期间要用灰白色的泥土涂抹身体，还要带上几十公斤重的贝壳！而埃塞俄比亚的穆尔西人则喜欢用盘子来装点自己，她们用盘子把嘴唇撑得很大，而且在她们眼中，嘴唇上可以带的盘子越大越美丽。你是不是觉得这些习俗都很荒谬？但这恰恰就是他们是文化，就像我们现代生活的一种审美一样。

而米凯亚人则是见到其他部落就躲避，虽然对方不会攻击他们，但是他们似乎已经习惯了这样的生活，而且他们也不会在一个固定的地方生活，三天是他们在一个地方最长的期限，过了三天他们就要“搬家”了。而且他们会食用一种非常独特的植物块根，而且这种植物是很难找到的，所以这也可以称作是米凯亚人的一个秘密。如果某一天，世界末日来临，你在森林中饥肠辘辘，那么所有的高科技都不敌米凯亚人的一点寻找食物的生存技能。

所以，从某些方面来说，科技的高度发达意味着人的退化。当科技产生的反噬效果越来越强烈的时候，我们很可能毫无抵抗之力。真的到了那一天的时候，也许只有具备原始生存能力的部落才能生活在最后了。

所以，人类的灭亡还有另一种可能，就是灭亡的不是全人类，而是一种现代化的人类文明，那些生活在城市之外，遥远密林当中的原始部落，或许会在现代人类文明灭亡之后仍旧继续存在，在未来的某一天，他们会崛起也不是没有可能。

如果现代人类文明消失，也许世界将重新进行一次洗牌，命运再次开始轮回……

第九章　潜藏的人类生存危机

人类会不会消失？也许会。人类为什么会消失？隐藏在我们身边的威胁实在是太多了，如果罗列出来，也许某一天，人类文明便会在我们预料的方式中走向终点。

伺机而动的“尘埃”

在很久以前，人类还未涉足外太空，也不知道地球的样貌，认为世界就是广阔无垠的大地。后来，随着人类科学的不断进步，人们发现地球只是浩瀚宇宙当中的一粒尘埃，宇宙才是广阔无垠的。

当然，宇宙中有无数的天体，仅仅是银河系当中，就有无数我们还未探明的星体。可是，这些同为“宇宙尘埃”的星体又和我们的地球有什么关系呢？每个星球不都是按照自己的既定轨道在运转，一直以来相安无事的吗？

如果你真的这样以为，那就大错特错了。从地球诞生以来，就曾有很多星体受不了地球的强大吸引力而“造访”地球，致使地球上出现了无数的陨石坑。之所以我们认为这些无伤大雅，只是因为坠落的陨石体积都不大，加上在坠落过程中高温产生的燃烧，以至于最终坠落地球上的只是很小的一部分，而且大部分陨石都坠落在无人区，所以很少有人员伤亡，它所造成的伤害也就被我们忽视掉了。

可是，如果和地球碰撞的是一个行星呢？那个时候，恐怕就不是简单的“坠落”这么简单了。在2013年的时候，就曾有一颗大陨石坠落在了俄罗斯境内，并且在穿过大气层的时候产生了剧烈的燃烧与爆炸，造成了上千人受伤，很多建筑物受损。而造成这一切的仅仅还是一颗来自于流星体的小陨石，如果是流星体落下来，那么可能就是毁灭性的灾害了。

如果你觉得小碎片坠落只是偶然事件，大星体不可能与地球“相吸”，担心行星毁灭地球只是杞人忧天，那么我们就要看看地球的历史了。

在2.5亿年前——那个时候我们人类还没有诞生的时候，曾有一次全球性的生物大灭绝。和以往那种逐渐消亡或者分期灭绝的形式不同，那次是突发性的群体灭绝，能够造成这样杀伤力的肯定是一次突发性的灾难事件——科学家是这样断定的。只是，什么样的灾难会有这样大的杀伤力呢？后来，华盛顿大学的贝克博士和罗彻斯特大学的波莱达博士找到了答案。

中国、日本和匈牙利都有二叠纪和三叠纪交替时期的沉积岩层，他们在对这些岩层进行化学分析的时候，发现了一种密度很高的复合碳分子，其中含氦和氩同位素，他们认为，地球原本是没有这样的碳分子的，所以他们推测，这些分子可能是来自一颗小行星，或是彗星。

这也就是说，2.5亿年前的那次可怕的全球生物灭绝，很可能是行星撞击地球造成的。他们经过严密的推算，认为这颗小行星可能致敬在6千米至12千米之间，撞击当时释放的能量，或许比过去100年间人类经历过的最大地震还要高100万倍！

除了这次撞击之外，研究恐龙的人也曾认为6500万年前恐龙灭绝也是因为小行星撞击了地球；而《科学》杂志曾报道过，3600万年前地球也曾遭受过很多来自冥王星方向的彗星的撞击……

这些数据，是不是非常出乎你的意料呢？没有想到吧？行星不止一次“造访”地球呢！现在地球上存留的许许多多陨石坑，都在时刻提醒着我们——天体的威胁，一直都没消失过！而且，天体撞击地球的概率，可比买彩票还要高不少呢！

行星除了撞击地球这种威胁之外，还有很多我们想象不到的威胁。有些科学家就曾推测过，地球上的很多病毒，诸如流感瘟疫、非典病毒、鼠疫很可能就是外太空的病毒，由坠落的小行星带来的。这也并不是没有可能，毕竟地球就是在宇宙爆炸中产生的，而且也有理论认为地球的生物正是小行星和彗星带来的细菌或是形成化学物产生的。

虽然这些都还没有定论，但我们也不能否认这种可能。外太空的细菌、病毒、微生物也好，小行星本身的撞击也罢，都是完全有可能发生的。在我们未曾探测到的领域，也有很多隐藏在暗处，伺机而动的小行星，它们都在不断地威胁着我们的家园。比如2002年的时候，就有一颗被命名为“2002EM7”的小行星从太阳所在的方向向着地球袭来，这个角度可以说是天文学上的一个“死角”，由于太阳光芒的遮蔽，很多这个方向的小行星都难以注意到。不过幸好，这颗2002EM7只是与我们擦肩而过，才让我们毫无知觉地逃过一劫。否则你恐怕连这本书都没机会看到，就在行星撞击中失去生命了！

毫不夸张地说，地球曾有几次与死神“擦肩而过”，并且永远没有哪一颗是最后一颗威胁到地球的，除非那颗小行星真的毁灭了地球。小行星的威胁一直没有消失过，以后也不会停止。现在科学家就已经发现了900颗可能与地球“相遇”的小行星，不过你也没有必要太过担心。

科学发展到今天，科学家们对于星体的追踪技术已经得到了很大的进步，而且已经掌握了绝大部分天体的运动轨迹，可以提前预知到地球与其相遇的情况，这样我们就可以有充足的时间去做应对它的准备。而且天文学家还在不断努力消除小行星可能带来的威胁，比如通过某些手段把接近地球的小行星给“推开”，或者在它接触地球之前就将它“消灭”……不过这些也都只是构想，技术还没有那样成熟。

但就像预测地球会毁灭一样，到那时会不会有更先进的技术，谁又说得准呢？

穿透天际的激光枪

地球自诞生以来，曾遭受过许许多多或大或小的灾难，我们最熟悉的一次，应该就是6500万年前发生的恐龙灭绝。事实上，早在4亿年以前，地球就已经遭受过一次灭顶之灾了。那一次的灾难和6500万年前的行星撞击地球一样可怕，也造成了生物的灭绝。

那次生物灭绝因为发生在奥陶纪晚期，因此被称作“奥陶纪大灭绝”。长久以来，科学家们都知道这次生物灭绝的主要原因是冰河期突然而至，导致了生物无法适应环境，进而大批量灭亡。虽然知道了这次生物灭亡的直接原因，但是都根本原因却无从查证是什么因素导致了地球的气候突变。

后来，科学家们通过对4.43亿年前的三叶虫化石进行研究，终于找到了原因——伽马射线暴是这次生物灭绝的根本原因！

说到这里，一个新的概念出现了。伽马射线是什么东西呢？它又有什么力量足以毁灭地球上的所有生物呢？

伽马射线，是一种穿透力极强的原子核射线，对细胞有很强的杀伤力。而伽马射线暴则是来自天空中某一方向的伽马射线强度在短时间内突然增强，随后又迅速减弱的现象，简单来说，伽马射线暴就是宇宙中最剧烈的爆炸现象。

那么宇宙中的爆炸对地球又有什么影响呢？经过研究，科学家发现，伽马射线暴如果发生在地球所在的星系的话，那么地球的大气层就会吸收绝大部分的伽马射线，这些高能射线会把大气中含量很高的氧气分子和氮气分子撕裂，然后再经过一系列反应，大气中就会产生大量的氮的氧化物，其中还会有有毒的二氧化氮气体，这种气体呈棕色，它们在大气中会产生一种屏蔽功能，阻止太阳光线。这样一来，地球就无法保持温度了，于是进入了漫长的冰河期。除此之外，二氧化氮还会破坏吸收紫外线的臭氧层，进而使得地球表面的生物长期受大量紫外线照射，进而引发了生物灭绝。

这样看来，伽马射线暴确实非常可怕。根据天文学家测算的数据，伽马射线暴产生的能量比太阳光要强上10亿兆倍！但是伽马射线暴为什么能够产生如此强大的能量，一直以来都是科学家们探索的目标。因为我们对伽马射线暴掌握的知识实在是太少了。1973年，科学家才首次发现伽马射线暴，这种可怕的宇宙爆炸发生的时间根本没有规律可循，就连持续时间都只有几秒钟。而且伽马射线暴的发生通常都举例地球有100亿光年以上的距离，这也给探测带来了很大的难度。

天文学家们一般都采用叫作“红移”的技术来探测射线暴发生距地球的距离。这种方法的原理是将爆炸发生的可见光分解成连续光谱，进而测算爆炸距离。一般来说，光谱中如果是蓝色段，那么就意味着爆炸是在银河系里发生的，如果是绿色段，就要稍微远一点，黄色段是离在银河系很远的地方，而红色段，则指爆炸发生在距离地球100亿光年以外，也就是说，在宇宙的另一边。

在1997年的时候，曾有一次伽马射线暴被接收到，但可惜的是那次经过“红移”分析，发现那次伽马射线暴在光谱的红色末端。可是另一方面，这也是令人振奋不已的消息，距离地球100亿光年的地方发生了爆炸，我们却可以探测到，那么这次爆炸究竟是什么原因引起的呢？就算是所有的星体都放在那么远的一个点上，也不可能产生这样强大的伽马射线暴啊！

考虑到这里，物理学家们推翻了以前的看法——当爆炸发生的时候，能量会向四周释放。这也就是说，最开始科学家们认为地球接收到的伽马射线暴能量只是爆炸中非常小的一部分，实际上伽马射线暴产生的能量是向各个方向释放的，所以会有无穷大的能量。可是这一次的爆炸让科学家们不得不重新审视这一假设，毕竟没有什么爆炸能够强烈到100亿光年外的距离也能探测到。

经过一番讨论，有人想到了黑洞。黑洞就是恒星耗尽自身的所有燃料后自我塌陷的结果。黑洞除了我们熟知的能吞噬周围一切的强大吸引力之外，还会喷射出两道能量流。这种能量流不是四处释放的，而是像激光枪一样，向着固定的方向释放强大的能量。这样就可以解释了，如果伽马射线暴释放能量的形式也是这样的话，那就可以解释为什么地球能够接收到100亿光年以外的伽马射线暴信号了——我们探测到的就是此次伽马射线暴释放的大部分，或者说是全部的能量。

当然，这也只是一种假设。在随后的不断研究中，科学家们又不断地推翻之前的结论，因为在2001年的时候又一次巨大的伽马射线暴发生了，这次爆炸探索到的信号在长时间内很强又很稳定，这又不符合爆炸释放能量到最高点然后衰落的规律。于是科学家们觉得伽马射线暴的发生或许和恒星的形成有关。可是这样一来又和之前的“黑洞理论”相违背，因为黑洞是一颗恒星的末路，而恒星的诞生显然是最开始。

于是，后来又有人提出了和超新星有关……

可以说，关于伽马射线暴的研究一直没有停止过，我们对伽马射线暴所掌握的还不能说很多，有很多方面还等待着我们去探索和研究。现在我们应该担心的是伽马射线暴会不会向4亿年前那样毁灭地球。这不是危言耸听，而是极有可能发生的。

2011年的时候伽马射线暴就曾在距离地球20亿光年的距离外发生，这样近的距离可以说是很少有的。而且科学家们也认为每隔500万年左右，伽马射线暴就会对地球上的生物造成一次致命影响。也就是说，从地球上有生命诞生开始，到现在地球上的生命已经收到伽马射线暴的上千次灾难性伤害了。只不过没有明显的痕迹留下，所以我们对它知之甚少。

来自宇宙的灾难是我们无法控制的，现在的科学家们也只能根据现有的线索进一步揭开它的神秘面纱。避免我们再一次经历4亿年前那种可怕的伤害——有毒的棕褐色气体遮住了太阳，强烈的紫外线照射在所有生命的身上……

坐吃山空的那一天

恐龙在人类出现以前就灭绝了，这也让我们对这种远古的庞然大物充满了好奇。为什么恐龙会灭亡呢？这个简单的问题却有很多充满争论的答案，因为那个时候没有人类的存在，即便有，也没有文字可以记录究竟发生了什么。

不过，很多人都认为恐龙之所以会消失，是因为环境变化的问题，突然出现的环境变化让素食恐龙没有了食物，进而食物链中断，肉食恐龙也没有食物，最终导致了它们的灭亡。虽然这个推断的真假尚未可知，但食物对于生物而言确实是非常重要的。

当然，随着科技的不断进步，我们人类需要的也越来越多，除了食物这种资源之外，还有许许多多其他的资源。那么，资源是否会有枯竭的那一天呢？

或许你会想，世界那么大，而且又有那么多的新兴能源，科学家们层出不穷，总能想出应对资源枯竭的办法的。如果我们都这样想，那么我们人类就危险了！

仔细查一查资料就会发现，现如今已经有许许多多的动物灭亡了，还有很多动物濒临灭绝，而这一切都是我们人类闯下的祸！在1997年5月的时候，加蓬的原始森林中就曾发生过一次惨烈的地盘争夺战，只是这次“战争”并不是人类之间的，而是几万只猴子。它们为了争夺领地而大打出手，这场“战争”最终以两万只猴子的死亡画上了句点。

如此惨烈的自相残杀，仅仅是为了争夺一片森林。如果我们的资源越来越少，那么人类之间会不会爆发战争呢？答案是肯定的，历史上无数次可怕的战争就是因为地盘以及资源爆发的。

而从加蓬森林的“猴子大战”中可以看到的另一个残酷的现实，就是资源已经在不断的减少了。为什么猴子们会争夺地盘？很简单，因为它们的栖息地——赖以生存的森林面积越来越小。猴子们把森林当作家园，而我们因为造纸、盖房子又需要许许多多的木材，因此森林面积不断减小。

在创世之初，地球上的原始森林面积足足有76亿公顷，而到了现在，森林的面积只有原始的一半了，而且损耗还在不断地增加，根据绿色和平组织的顾及，按照现在的人口增长速度，到2100年，原始森林将会彻底从地球上消失！

看吧，我们以为取之不尽、用之不竭的森林资源还有不到100年的寿命了！而且森林还是可再生的资源。即便我们不断植树造林，但随着人类活动范围的不断扩张，森林面积还是会越来越少。而缺少绿化会对我们生活造成怎样的影响就不需多说了吧？土地沙漠化、温室气体不断增加……这些都是极有可能发生的。

当然，地球上的资源不仅仅是森林。那么其他的资源是不是不用担心了呢？相信你已经知道答案了。现在我国已经是全球人均水资源最贫乏的国家之一了，可见水资源前景堪忧。这或许是我们想不到的，毕竟地球在遥远的太空中看大面积都被水覆盖，但我们却要面临水资源危机。根据专家预测，到了2050年的时候，全球淡水消耗将会突破底线，这也就是为什么很多国家开展海水淡化工程的原因了。

不过，相比这些通过保护环境、节约用水和植树造林等方法可以缓解压力的可再生资源，不可再生资源的现状让我们无限堪忧。

以能源问题为例，像石油、天然气和煤炭等都属于不可再生资源，这些是历经了千百万年的时间才形成的，而且是不可再生的。虽然今天我们依旧可以享用这些资源，但实际上，1990年的时候我们就已经走向能源枯竭的边缘了，这也就是为什么石油价格水涨船高的原因。当然，资源面临枯竭并不仅仅是价格升高这一点点问题，随着这些能源的枯竭，我们可能会面临重大危机——无法运输、无法发电、无法取暖……

除了这些能源外，还有很多矿产资源是不可再生的。这些矿产资源是我们生活必需品的原料。想想看，就以金属为例，我们生活中处处需要金属，没有金属，我们的计算机、手机、水龙头、汽车、厨具都无法制造……

那样的生活，恐怕是生活在这个时代的我们所无法想象的。没有了这些，也许我们要回归原始人的生活，当然，这还是比较乐观的想法。因为到了那个时候，各种资源危机，就连食物都供应不上了！

原始人可以靠打猎来生存，但是那个时代物种丰富，食物要远多于人。但是如今，因为人类活动的不断扩张，越来越多的动物失去了家园。曾在地球上生存过的物种超过5000亿，现在已经有99%的物种灭亡了，而且很多动物的灭亡是我们人类的过错。现在平均每小时就有一个物种灭绝，按照这个速度，人类的末路，可能就是地球上除了人类之外将一片荒芜，一无所有。

而这种可怕的现实就在不远的将来，现在的多灾多难，让人们不得不正视资源环境问题，霍金就曾指出，人类的末日或许在200年内就会到来。这也不是夸张的说法，因为根据计算，煤炭可开采年限为169年，天然气65年，石油46年，各种金属最多的也只能在开采100多年，而铜可能开采不到10年了……

而这，仅仅是保守的说法，有上千位科学家共同做出了报告，他们预测，在未来的50年里，地球资源透支的恶果将大幅恶化！面对这些不得不正视的数据，我们还能说未来很远吗?

再没有比自己亲手毁掉自己的家园更让人难过的了，所以现在，我们应该要保护环境，尽可能使用可再生资源，以免亲眼见证人类的毁灭！

地球的怒火

在遥远的太空中看地球，除了能够看到蔚蓝的海洋之外，还能看到连绵起伏的群山。巍峨的高山对于我们而言没有什么值得恐惧的，除非它是“活的”！说到这里，我们都应该清楚了，所谓的“活着的山”，就是那些可怕的火山了。

对于火山，我们并不陌生，即便很少有人见识过它“暴怒”的样子。我们都知道，火山是地球发泄“怒火”的一个通道，平时它很安静，但是当它苏醒之后，一定会给周边的人类和动物带来灭顶之灾。

前面提到的庞贝，就是一个例子。虽然因为火山喷发，才得以将这个古城完好地保存下来，没有受到风沙的摧毁，但是当时生活在庞贝的人们，也是因为这可怕的灾难而在瞬间长眠地下的。而且，在火山喷发的时候，除了岩浆之外，还会有一些放射性物质，并伴随着光、声、电、磁等，因为这些物质，很多仪表可能会失灵，飞机、轮船会失事，有害物质也可能直接置人于死地！

不过，即便火山这么可怕，但人类依旧对它抱有浓厚的兴趣，世界上许多活火山都是著名的旅游景点。只是人们如此喜爱它，也并不能阻止它“发火”。1992年，美国阿拉斯加州的斯珀火山喷发，童年哥伦比亚卡卡瓜尔火山喷发，而且造成了10人死亡，20人失踪，上百人受伤！次年，哥伦比亚的加莱拉斯火山爆发，造成6人死亡，8人受伤。1995年，尼加拉瓜塞罗内格罗火山爆发，上千公顷的农作物被火山灰覆盖。2002年的时候，刚果（金）的尼拉贡戈火山爆发，这使得火山附近的戈马市大部分地区被熔浆淹没，至少有45人死亡，50多万人流离失所……

而这些记录仅仅是火山喷发历史中的一小部分而已，而且造成的伤害从全人类的角度来看，也只是小部分的伤亡。那么，火山喷发是否会造成人类的灭亡呢？这需要我们来探寻一下火山有没有集体“暴动”的可能了。

而想要知道这些，我们首先应该知道火山是什么。在地壳之下100—150千米的地方，是“液态区”，因为地心的热量以及高压的作用，使得岩石无法保持固态，融化了，也就是我们所知的岩浆。在地层当中，岩浆以及一些气体和水分都因为压力处于一种压缩状态，如果岩浆沿着地壳上的裂缝上升，那么压力越来越小，被压缩的气体会迅速膨胀，再一次增大压力，使得岩浆喷涌而出，形成火山喷发。而喷发的火山灰冷却之后堆积，就形成了火山。

当然，有些火山曾在地球历史上喷发过一次，之后便再也没有活动迹象，这样的火山就是“死火山”，现在已知的死火山大概有2000座左右。而那些仍有活动迹象，不知什么时候就会爆发的“活火山”，已经发现的有523座，其中的68座分布在海底。不过，“死火山”也有“复活”的可能性，如果随着地壳变动它可能会突然喷发，那么这种就叫作“休眠火山”了。

火山在平时和一般的高山没有什么区别，但是当它爆发的时候，就成了破坏力很强的武器了。而且火山喷发并不是什么稀奇的事，自从我们有历史记录以来，可以肯定的著名火山爆发就有10座，当然，有很多火山喷发没有留下明确的痕迹或者记载。

那么，火山究竟有没有集体“躁动”的记录呢？科学家通过研究，断言地球上曾经发生过6次以上的毁灭性火山爆发，也就是超级火山爆发。以恐龙灭绝为例，就曾有科学家提出证据，认为恐龙灭绝是火山爆发造成的，而且这个理论也得到了很多古生物学家和地质学家的支持。研究这一课题的格特·凯勒通过研究，发现在恐龙灭绝前的数百万年间，印度洋海域的大型火山喷发就曾给周围的环境造成了一系列毁灭性的打击。

大概在两亿年以前，现如今的西伯利亚地区曾发生过超大规模的火山喷发，而且这次喷发持续了数百年的时间，喷发造成了95%的物种灭亡。地质学上认为这是二叠纪和三叠纪中介的解释，也是至今为止地球历史上最为惨重的一次灾难。

可见，超级火山喷发进而造成生物灭绝并非不可能，至少是有先例的。不过，超大规模的火山喷发极为罕见，否则我们现在也就没有机会在这里讨论火山喷发致使人类灭亡的可能性了。不过罕见并不代表不可能，根据科学家的推算，超大规模的火山喷发大概每5万年才会发生一次，但只要发生，将会造成所有生物的灭亡，即便在喷发中活了下来，也会在随后的地球严寒中走向灭亡。

根据地球物理学教授比尔·麦格的研究，最近的一次差点毁灭地球的火山爆发发生在73500万年前。那次火山喷发被认作是地球有史以来规模最大的火山爆发，因为在苏门答腊岛——这次火山爆发的发生地至今还有一个62英里长的巨洞。他研究发现，这次火山喷发出的硫酸烟雾量大到足以遮蔽整个地球好几年的时间，也就是说好几年的时间里地球上都是一片朦胧。而且他认为如果火山喷发后还有生命可以幸存，那就是一个奇迹！而且麦格教授还认定类似规模的超级火山爆发是一定会发生的，只是一个时间的问题。

说到这里，我们似乎可以相信，火山喷发致使人类毁灭是完全有可能的，虽然我们不确定人类的末路一定是这样，还是它什么时候会来，但同样的，我们也不能否定人类终结于此的可能性。

那么，如果地球上真的再次发生超级火山喷发，又会是怎样的一幅景象呢？对此，有科学家以金星作为对比。经过研究推断，金星就曾是一个和地球类似的生命花园，但因为超级火山喷发，使得金星变成现在的样子——地表温度464℃，没有生命存在，二氧化碳大气层比地球大气层的压力高出10倍……

这一切研究都可以让我们想象到地狱的景象。没错，如果某一天地球上再次爆发了可怕的超级火山爆发，那么地球将成为第二个寸草不生的金星，只不过那个时候，已经没人能够感受到这一切了……

太阳的暴动

太阳，是和我们最亲近的一个星体了，之所以这样说，是因为阳光是我们赖以生存的一种资源，因为有了太阳，地球才有了温度，才有了欣欣向荣的一切。那么我们是否可以说太阳是我们最好的朋友呢？

确实，太阳无私地赋予了我们一切，但它有时候也是会“闹脾气”的。在1989年的3月，加拿大的魁北克省全省断电9个小时。这并不是什么节约能源的活动，也不是什么人为的意外，而是太阳捣的鬼。

当然，并不是太阳本体做了什么，而是有一部分太阳能量脱离了控制，形成了太阳风暴。如果这样说还是很难理解的话，那么我们就可以将太阳风暴理解为太阳打了一个“喷嚏”。我们都知道，太阳是一个时刻发光发热的气体大火球。也就是说，太阳是由气体组成的，分开来看，其中一部分脱离太阳独自作怪也就不难理解了。

那么太阳风暴是怎么发生的呢？想要知道答案，我们就必须对太阳有一个基本的了解。虽然太阳是由气体组成的，但是太阳的大气层也可以由内至外分为光球层、色球层以及日冕层三层。我们溅到的可见光几乎都是从光球层发出的，这一层表面有激烈运动的米粒状气团。光球层之外是色球层，不过这部分很难观察到，唯有在日全食的时候用专门的望远镜才可以看到。最外层就是日冕层了，这一层的物质远离中心，所以比较稀薄，但温度非常高，在200万摄氏度以上，和色球层一样，只有在日全食的时候才能观测到。而太阳风暴，就是在这一层出现的。太阳是一个巨大的气体星球，日冕层表面的高温会让气体产生克服太阳引力的动力，进而形成一种比较稳定且不断发射的粒子流，这就是我们所说的太阳风暴了。

太阳风暴中的气团主要是一种带电的离子体，也就是说，它们有巨大的能量，而且向地球袭来的时候速度能够达到每小时几百万公里。可是，说了这么多数据，太阳风究竟对我们有什么影响呢?

首先，我们的通信会受到干扰。短波通信需要借助电离层的连续反射来传播信号，而太阳风暴会产生一种X光辐射，这种辐射会导致电离层地磁紊乱，这样信号传播就会中断。不过这种影响还不是最可怕的，最可怕的是太阳风暴会损坏航天器，在20世纪70年代，一次太阳风暴就导致了苏联的“礼炮”号空间站脱离了轨道，日本环境观测卫星“绿色2号”的电池板失去发电能力。除了这些之外，太阳风暴还会影响宇航员以及高纬度或极地区飞机上的乘客健康。

不过，从这些方面来看，太阳风暴只是对我们的生产生活造成影响，如果我们在地面的话，基本上不用担心对我们的身体造成什么危害。确实，太阳风暴发生之后射向地面的带电粒子只有很少的一部分，再加上地球磁场和大气层的拦截，还不至于危及我们的生命。

既然如此，我们又何必担心太阳风暴会让人类灭绝呢？其实，太阳风暴只是太阳活动中的一部分而已，除了太阳风暴之外，还有冕洞、太阳耀斑和日冕喷射，这些也会对我们的生命构成威胁。

冕洞是日冕层表面温度比较低的部分，它随着太阳的自转而旋转，如果打个比方，就像是草地上那种360度旋转的水龙头一样，在它旋转的时候，太阳内部爆发产生的原子流就像水管里的水一样，被甩向太空，因为地球和太阳的距离较近，所以有一部分会撞击地球的磁场，引起第次扰乱现象。而太阳耀斑则更加可怕，它是色球层中的能量爆发，它会带着很强大的带电粒子、紫外线和X射线，它的能量要比太阳风墙上几百万倍！对地球的影响也就不言而喻了。

不过和日冕喷射相比，太阳耀斑还算不上最可怕的，它会引发最狂暴的太空气象，它如果造访地球，那么会扭曲地磁场，巨大的穿透力会让卫星永久性地坏掉，简单来说，它会造成地面上的电力体统全面瘫痪。

不过值得我们庆幸的是，太阳活动只有在某些年份才会异常活跃，平时并不是经常性地光临地球。但是在太阳活动最活跃的周期，地球一周可能就要遭受几次太阳风暴的侵扰。就算太阳风暴偶尔发生不会对我们的身体造成致命的影响，但是频繁的太阳活动，还是会对疾病传播以及地球的气候产生很大的影响。

因此，天体物理学家们都在努力通过天文望远镜“监视”着太阳的一举一动。当然，科学家们能够做的也只是监视，提前告知我们，以做好防范准备，并不能真正阻止它的发生。而且，近些年来，太阳的活动越来越积极，让我们不得不跟着担惊受怕。

虽说目前为止太阳活动并没有给我们人类带来什么沉痛的打击，但是这也不能保证未来太阳下的地球仍旧是安全的。现在我们之所以能够不受太阳风暴的干扰，多亏了大气层和地球磁场，使得我们不至于受风暴中高能辐射的伤害。不过，地磁和大气层并不是将所有的射线与粒子都消灭了，而是将它们“发配”到了两极地区，虽然少量的粒子即便击中我们也不会产生什么伤害，但是如果这些粒子日积月累，还是会影响我们的身体健康的，比如对皮肤的伤害，造成免疫力下降等等。有些证据也证明太阳黑子与地球上的旱涝灾害也有一定关系

可见，太阳活动虽然不会直接伤害到我们，但是经年累月，不知哪一天人类和地球会承受到极限。更何况，现在因为温室气体的不断排放，导致了臭氧层空洞扩大，如果我们不加强环境保护，臭氧层这层保护伞早晚会失去作用，到了那个时候，我们恐怕就无法像现在这样淡然地看待太阳风暴了！

走上末路的战争

随着人类文明的不断进步，我们发明了越来越多的东西，除了那些能够给我们带来希望和便利的东西，还有那些毁灭性的东西，比如战争。

人们热爱和平，没有人愿意在风雨飘摇中战战兢兢，但战争却毫无疑问将人们推入了地狱深渊。早在很久以前，人类就为了领土或是资源发动战争，而每一次战争，都会给战争双方带来灭顶之灾。到了今天，根据统计数据，在战争中失去生命的人数已高达35.4亿了，更不用说其他的各种

损失，比如损毁的建筑，或是消耗的各种物资。仅仅在20世纪的50年里，消耗在战争中的费用就有50亿美元，这些物资足够全球人口50年里的消费了。

曾经，在遥远的古代，各种资源不那么丰富，各个部落的人类为了谋生，便要互相争夺，这是一个晦暗的现实，可是时至今日，除了那些非常贫困的地区，大部分人类都已经过上了衣食富足的生活，但战争并没有因此停止，更加令人痛心的是，发起战争的并非那些无法解决温饱的灾民，而是强大的国家。

战争造成的各种损耗实在让我们无法忽视，在很长时间里人们努力创造的财富，一场战争就可以轻易消耗掉。我们都知道矿产资源是不可再生的，但是第一次世界大战消耗了5000多万吨金属，第二次世界大战更是消耗了上亿吨！在1989年的海湾战争中，不过一个多月的时间，就消耗了和第二次世界大战差不多量的金属！

除了资源的损耗之外，战争对环境的破坏也是令人痛心的。第二次世界大战之中，苏联毁掉了2000多万公顷的森林，在爆炸中丧生的大型动物上亿只；海湾战争当中因为原油泄露，造成了数以百万计的海洋生物死亡！在海湾战争当中，有50多种鸟类在战争中走向灭绝，在战争中燃烧的石油释放的烟雾甚至造成了印度和东南亚的干旱，在海湾地区沉积的上百万吨氧化氮和硫磺，更是对农业造成了灾难性的影响，对大气造成的污染更不用说了。

即便战争已过去多年，科学家仍旧在珠峰上的雪样中找到了海湾战争中石油大火燃烧时产生的灰烬……

而这，仅仅是普通战争产生的灾害。现在或者未来的战争，已经和曾经不同了，随着科技的不断发展，各种毁灭性的武器被开发了出来。核武器，就是其中最令人闻风丧胆的东西了。

如果你对二战历史有所熟悉，那么就应该知道，促成日本投降的决定性因素是美国向日本广岛和长崎投放了两颗原子弹。这两颗原子弹在瞬间夺去了十几万人的生命，毁掉了大部分的建筑，将繁华的城市变成了一片废墟。

虽然原子弹的爆炸持续时间不长，但产生的影响却直至今天仍然存在，去世的十几万人仅仅是在爆炸当时，爆炸过后一周后，仍有人相继死去，这些人身上长满了红点。原子弹爆炸之后会产生可怕的辐射污染，很多在二战中侥幸活命的人都患上了癌症、白血病或是皮肤灼伤以及各种说不出名字的病症，时至今日，长崎被原子弹轰炸过的中心地带仍旧寸草不生。

再没有比这种武器更可怕的了，人们深知核武器的威胁，却为了不被其他拥有这种武器的国家所威胁，于是争相开发核武器。到目前为止，世界上已经有了5万多枚核弹头，相当于200亿吨烈性炸药的能量——这已经超过了我们能够承受的极限！不仅如此，有能力发展核武器的国家也不断增多，现在有能力发展核武器的国家已经超过了50个。

好在现在，国际社会认识到了核武器的潜在威胁，出台了很多制止核武器开发的条约，但是法规还是不够完善，监管力度也不够，使得一些国家仍旧在秘密进行各种核试验。这也就意味着，现在世界上所有的核武器，可能并不是全部，未来还有增多的可能。

或许第一个发明核武器的人是出于对科学的探索，但是现在核武器显然已经成为战争的帮凶。在核威慑的保护伞下，战争并没有减少，反而越来越多，而人们出于竞争心里，又不断地继续制造……几万枚核武器的存在是我们最大的威胁，哪怕有千分之一被有心人士利用，那么地球就会迎来末日！

虽然国际社会在核武器制裁方面做出了不少努力，但在50年之内，核武器仍旧不会消失，而且还会越来越具威力。

核武器之所以恐怖，不仅仅在于它能够引发大爆炸，更可怕的是它爆炸后产生的光辐射、冲击波、早期核辐射、电磁脉冲以及放射性沾染。光辐射可以在瞬间灼伤皮肤，让我们身体溃烂，瞬间失明，甚至会引起燃烧。冲击波更不用说了，其产生的巨大压力可以瞬间将周边区域的一切东西震碎！电磁脉冲会烧毁电路，击穿绝缘体，早期核辐射也有很强的穿透性。即便这一切都躲过了，放射性沾染——爆炸后飘散的烟尘仍旧会对我们的身体造成辐射和灼伤。在1954年的时候，美国进行了一枚氢弹的爆炸，6小时之后，沾染区面积达到16448（长为257千米，宽为64千米）平方千米，在这个范围内的所有生物都受到了牵连，在之后很长的一段时间里饱受残疾或病痛折磨，最终痛苦地死去……

如果未来有一天各国之间使用核武器一较高下，那么地球将迎来人类灭绝的“核冬天”，那个时候爆炸产生的烟尘将遮天蔽日，让我们看不到阳光；地球温度急速下降，我们将进入无法跨越的严冬，所有的通讯、电力系统遭到破坏瘫痪，然后人类在可怕的辐射中绝望地死去……虽然这些只是一种推测，但并不是没有根据的，虽然不知道核武器真的大范围爆发之后究竟会是一番什么样的景象，但人类会因此走向末途是肯定的。

地球至今为止已经有46亿年的历史了，而且在发展的过程中曾经经历过5次生物大灭绝，因为曾经发现过20亿年前的核反应堆，于是有人推测地球上曾有高度发达的文明，但这些文明已经在灭绝中彻底消失，只留下一丝可供猜测的痕迹。不管是真是假，我们都可以确定，核战争，足以摧毁人类几十万年的文明。如果真的到了那个时候，我们也许除了唏嘘就没有什么其他的语言了。因为再没有什么方式，比自己亲手毁掉家园更令人悲伤的了。

“生化危机”不是幻想

比起那些看得见的危险，隐藏在暗处的威胁更容易让我们感到恐慌。说到看不见的威胁，那就是那些微小的病毒了。我们肉眼看不见这些，但是它们兴风作浪的时候，却能引起全世界的恐慌。

更可怕的是，这些小东西就在我们身边，不知它们什么时候会肆虐。根据我们所知，感冒发烧这些小病症有时就是病毒引起的，当然，这样的小病症并不会对我们的生命造成威胁，但是有些可怕的病毒不仅危及人们的生命，还会大范围传播。

就在最近几年，伊波拉病毒席卷了非洲，造成了很多人感染死亡，引起了世界的恐慌。前几年，禽流感、口蹄疫肆虐，也造成了许多人的死亡，整个社会都人心惶惶。再回顾早些年，或许是你出生不久的时候，“非典”席卷了我国，那个时候很多学校不得不停课，防止病毒扩散，因为“非典”无药可医……

医疗的不断发展，我们可以疗愈的疾病也越来越多，但是在疾病当中，仍旧有让医生束手无策的病症，比如红斑狼疮、癌症晚期……不过，这些病症虽然席卷全球，死亡人数也是全人类中的一小部分，真正让我们感到恐惧的是，那些像瘟疫一样传染的病症。

在人类的历史上，瘟疫曾多次蔓延，至今为止，已经夺走了数以十亿的生命，它的威力甚至足以毁灭一个国家。翻看历史就会发现，有很多国家的毁灭都和瘟疫有很大的关联。

瘟疫并不是一种病症的名称，而是指一种如细菌、病毒等强烈致病性微生物引起的传染病，比如流感、鼠疫等等。在咱们生活的年代里，就经历过“非典”和“禽流感”了，那么瘟疫是近些年才出现的“流行病”吗？

不是这样的，早在2400多年前地球上就有可怕的瘟疫了，那时爆发的瘟疫几乎差点摧毁整个雅典！据我们所知，雅典曾是那个时代世界上文明比较发达的地区了，但是在瘟疫面前，强壮的雅典人也束手无策。幸好后来有一位医生发现了用火防疫的方法，才让雅典免于毁灭。

流行性感冒在现如今来看已经不算什么可怕的病症了，但是在历史当中，流感曾几次席卷全球，造成了无数人丧生。可以说流感是至今为止杀人最多的一种瘟疫。在1918年爆发的全球流感当中，有几千万人死亡，仅美国一个地区，就有50多万人因此丧生，而且有一半都是青壮年。就算现在流感没有那么可怕了，但是在美国平均每年还有几万人死于流感。

流感是无法救治的，但好在可以注射疫苗预防，不过我们也不能忽视它的威胁，因为流感病毒很容易发生变异，每年病毒的类型可能都不同，只有每年都注射疫苗才有可能预防这种可怕的疾病。

除了流感之外，还有很多可怕的瘟疫，中世纪时的黑死病就是其中的一种。黑死病是鼠疫的一种，这种病毒被老鼠通过商队贸易进入了欧洲，紧接着就爆发了“中世纪的噩梦”。患上黑死病的人皮肤上会出现很多黑斑，无药可医，最终在痛苦的折磨中死去。在这场可怕的瘟疫中，欧洲地区损失了几千万人。

历史中比较可怕的鼠疫有三次，最近的一次就在20世纪，这一次无论是波及的地区还是传播的速度，都远远高于前两次。

另外，结核病、狂犬病、登革热等病症都具有很强的传染性，也造成了数以百万计的人死亡。当然，疟疾也是其中之一。对于各种各样的瘟疫，我们能够做的只有预防，并没有什么可靠的治疗办法，毕竟它的传播和发病速度实在是太快了。

可以说，瘟疫的历史有多长，人类与之抗争的历史就有多长，而且迄今为止，真正被人类消灭掉的传染病只有一种，那就是天花，也就是说鼠疫、结核病等等仍旧是潜在的威胁。我们知道战争会让无数人丧生，但是在历史上所有战争中丧生的人加起来可能也没有全球性传染病来的可怕。

更加让我们感到担忧的是，病毒的种类越来越多，随着时间的推移，越来越多未曾见过的传染病出现，也正因为这种原因，让我们无法不感到恐慌。就以艾滋病来说，它就是20世纪末才出现的，但是这么短的时间，却已经造成了无数人传染，而且艾滋病比起其他传染病而言，这种病毒具有终身传染性，会损害人们的免疫系统，让我们的身体毫无抵抗力，可能感冒发烧就会丧命。

我们从未停止和瘟疫以及病毒作斗争，但是不可否认的，我们对于恶性传染病的放空手段非常有限，而且几乎是被动的——在疾病暴发之后才能找对策。这些都无法让我们不在意。你或许会觉得奇怪，历史上曾爆发过这么多次瘟疫，可人类不是依然可以繁衍生息，没有灭亡吗？又为什么要担心瘟疫消灭全人类呢？

不得不说，随着生活节奏的加快，我们的身体免疫力越来越差，而且生存环境的恶化致使越来越多的新型病毒出现，这些在爆发前是我们无法预料的。世界卫生组织统计过，在过去短短的20年时间里，就曾出现过30多种新型传染病，听了这个数据，我们还能够淡然以对吗？

我们人类的现代化进程一直进行，同样的，我们也会面临越来越多的新型病毒。就像很多诸如《生化危机》的电影那样，虽然电影对于瘟疫有夸大的成分，人死不可能复生，但是我们需要清楚的是对抗瘟疫的战斗一直是进行时，并不会结束。如果我们不注重保护环境，继续破坏环境，让各种各样有毒气体尘埃散布全球，那么“生化危机”总有一天会伴随着世界的毁灭到来！

进击的“巨人”

我们看过许许多多关于机器人的科幻电影，比如机器人的功能越来越健全，可以帮我们做各种各样的事情，在未来的某一天，机器人普及到每个家庭，那个时候每个家庭都会有一个机器人保姆……

这是我们幻想中最好的一种可能，毕竟机器人会让我们的生活越来越便利。而现今的科技发展技术，几乎让我们看到了曙光，越来越多的机器人被制造出来，而且人们赋予了机器人越来越多的功能，现在有些机器人甚至可以根据人们的语言指令做出相应的动作，而不需要遥控器，也有些机器人可以根据人们的一些话做出简单的判断。

这些是人们喜闻乐见的，毕竟梦想照进了现实。但是我们也不能以偏概全，想想那些关于未来科技的科幻电影吧，有些电影当中机器人产生了感情，懂得了思考，可以帮助人们做各种各样的事，但是也有一些“坏机器人”凭借着自身的优越条件，最终毁灭了人类，统治了整个地球。

那么，是否会有这种可能性呢？我们虽然不能确定科技的发展会致使人类的毁灭，但是不能绝对地说没有这种可能。想想看，现代机器人想着自动化发展，而且在现实生活中有着越来越重要的作用，这是无法否定的事实。如果真的有一天机器人背叛人类，那么我们的世界面临着灭顶之灾也并非没有可能。

我们人类是非常聪明的，因此可以开发出很多技术，制造出很多种类的机器人，但这些机器人虽然是我们创造的，但有些时候确实比我们更具专业技能。就以计算机来说，我们人脑很难进行的复杂运算它只需要短时间就可以完成了；一些高难度的动作，操作型的机器人比我们完成得更好；在一些艰苦的环境中，适应型的机器人比我们更容易适应环境变化，做出相应的行动；学习型机器人往往能够“记住”所学到的所有东西，并将其运用到实际工作中……

这是一种比较奇怪的现象，就是我们制造出了比我们更优秀的“人”，虽然我们亲手制造出了它们，却没有比它们更强的能力，这也是人们担心科技反噬的重要原因，如果机器人真的发生了“暴动”，那么我们可能就无力应付了。

你或许会说，机器终究是机器，它们只能根据指令行动，又怎么可能懂得思考呢？想想最优秀的机器人——智能机器人吧！智能机器人不会根据你的指令行动，而是通过人工智能来采取行动，如果它们“不安分”了，那么反过来成为人类的敌人也未可知。

人类在不断进步，科技也是如此。虽然人工智能机器人是近些年来才出现的高科技，但是在很早很早以前，机器就已经出现了。早在公元前380年，我国就曾有机械的记载了，比如“木牛流马”就是一款自动移动的战车，西方一些国家也在考古中发现了关于机械玩偶的记载。

可以说几千年以来，人类从未停止对机器智能的探索研究。现如今，科学技术不断成熟，使得人工智能也越来越发达，虽然给我们的生活带来了不少便利，但是我们也不得不承认，现在人们越来越依赖科技，越来越依赖人工智能，这从某些方面而言，更像是一种退化，如果有一天机器真正拥有了人类的智能，那么它们会不会发起科技战争，取代人类成为世界的主宰？这些在没有发生之前我们都是无法断言的，无法说这样的情况肯定会发生，也无法确定不会发生。

比起争论人工智能究竟会不会毁灭全人类，我们可以先看看历史中因为机器人引发的悲剧。在1978年的时候，日本的一家工厂的机器人在切割钢板的时候，因为失误而将一名值班工人当成了钢板，引发了悲剧；1982年，日本的一个加工厂工人在对停止工作状态的机器人进行调试的时候，机器人突然启动，酿成悲剧；三年之后，苏联的一个智能机器人棋手在输给国际象棋冠军的时候恼羞成怒，向金属棋盘释放大量电流……

这些悲剧的发生都像我们证明了机器人是便利的同时也是一种危险。不过，比起这些生活生产用的机器人，人们更加恐惧军用机器人，因为它们是最具战斗力的。现如今，虽然科技发展，人们对机器人的检测更加严格，但是并不能保证机器人永远不会出现故障。我们所能做的就是尽可能降低机器人所造成的麻烦，比如非常重要的一些工作还是需要人来完成，试想一下，如果将核弹头交给机器人巡航导弹，那么出了故障的话，一定会是毁灭性的！

另一方面需要我们担心的就是人工智能的高度发展，如果机器人越来越聪明，那么总有一天人类会无法控制它。当然，人类从来就不会因为恐惧而停止前进的脚步，从人类的发展来看，比起担心科技反噬，它的优点更加大一些。比如机器人在执行任务的时候不会有惧怕心理，不会疲惫，刀枪不入，也不用担心被诱惑动摇，而且在一些危险的环境当中，机器人比普通人类更具优势。所以说机器人虽然可能会失控，但这种可能性还是比较小的。

不过，霍金还是提出了智能机器人“统治世界”的可能，他表示，现如今计算机发展的速度要远高于人类智能发展的速度，而且人类智能的发展速度呈放缓趋势，如果我们不对自身的DNA进行改造完善，那么未来的某一天我们或许真的面临被计算机超越的危险。不过这个理论，也有很多科学家表示反对，因为他们认为人类是不应该被改造的，这有悖常理，而且如果真的有了基因改造的人类，那么未来人类可能就会出现改造人和未经改造的人，到时候基因改造人会不会想要掀起毁灭自然人的战争，又成为一种新的威胁？

第十章　未来的世界霸主

人类的灭亡是否意味着地球的灭亡？也许不是，人类消失或许只是文明的一个更替。那么在人类消失之后，地球的主人又会是谁呢？

沉默的王者

在未来的某一天，地球可能会毁灭，又或者只是人类的消失。如果人类灭绝了，那么替代人类重新掌管地球的主人将是谁呢？毫无疑问，现如今的地球秩序是人类维持的，如果人类灭亡了，那么首先世界会失去秩序，无人规划管理，世界将再次返璞归真，重回弱肉强食，争抢地盘和权利的时代。

最开始，世界会陷入疯狂，人类的灭绝并不代表世界的灭绝，可能很多细菌滋生，无人寻找免疫的药物，或者没有人来管理卫生，使得流行病爆发，总之，会有一部分动物死于传染病。那些躲过的动物可能会找回自己的野性，重返森林。

首先我们可以肯定的是，人类刚灭绝的几天里大自然会失去一种平衡，人类社会没人管理，不过无须担心，不用太久，大自然就会重新接管地球。人类消失之后，各种自然灾害我们就无法阻止了，只能任凭大自然“任性”。它可以选择下暴雨，或者是发一场大洪水，不过这个时候即便冲垮河堤，淹没城市也用不着我们担心了，因为那个时候城市当中已经没有人类了，至于建筑被淹没所造成的经济损失动物和植物更不会在乎。当洪水退去之后，很多人类社会的设施停止运转，有些不结实的房屋会在洪水中倒塌，然后随波逐流，跑到洪水想要送它们去的地方。

两周之后，人们圈养的一些动物们可能因为食物短缺而想方设法从家中逃到外面觅食，而此时的城市因为洪水退去，有了湿润的土壤。过那么一个多月之后，很多喜欢湿气的藤蔓就开始不受限制地生长了，没有人对这些植物进行维护和清理，它们就随心所欲的成长，下大雨、刮大风都不能让它们停止，此时看来，植物才是最顽强的。

人类灭亡以后，家养的动物们也许还会傻乎乎地等着有人来喂，聪明的那些也许已经逃出了家门。在猪圈当中，如果所有的猪饿到了极限，那么一幕幕自相残杀的惨剧就会在这里发生。没错，只有动物才会这样，植物不会，它们只需要顺应自然，随心所欲地生长就好了。至于动物啃食植物，这对植物来说也没什么大不了的，反正它们有着顽强的生命力，而且适应环境能力非常强，不会因为几只动物就放弃统治世界的权利的。

说到底，未来的王者很有可能是植物。因为植物的适应能力绝对比动物强，需要的东西也比动物少，它们不需要捕猎，只要在有水、有土壤的地方就够了。而且从另一方面看，虽然植物处于食物链最底端，但很多事情往往也是植物来决定的，比如动物会根据植物的生长情况而选择栖息地，从这一点来说，植物就已经完美地扮演了地球主人的角色了，它会根据自己适宜的生长环境安排动物们的居所，从而形成一个没有人类干预的、完全崭新的生态系统。

从历史来看，每当地球经历过一次毁灭性的灾难过后，最先复苏的就是植物，它们可以在水中生活，也可以在陆地上生活，甚至可以在荒无人烟的荒漠中生活。而且想想那些荒芜的院落吧，只要一个地方长时间没人打理，草籽就会穿破层层水泥生长出来，最后成片的杂草和树木会瓦解水泥地面，只要时间够久，它就会成为一片森林，而破碎的砖块泥土也会随着时间的流逝而风化，最终变成泥土。

再坚固的建筑也是死物，在岁月的更替下会风化，人造的许许多多东西都会随着岁月而腐朽，最终世界还是会给生命一个机会，植物在不断更替中越来越繁茂，最终占领整个地球。在成千上万年的生长下，地球会再次回归最原始的状态，一片郁郁葱葱……

智者“复活”

时间是不会倒退的，虽然地球上总会发生一些周期性的灾难，在一次次重大灾难当中总会毁灭一些东西，但是在灾难过后，一切平静下来之后，生命就会再次在地球这片土地上重生。

我们来回顾一下地球的历史好了。在地球上还没有人类时，那个时候地球上是一片郁郁葱葱的景象。那个时候的原始森林面积非常大，在这片广袤的土地上，动物们繁衍生息，一片和乐景象。

后来，随着时代的推移，动物渐渐产生了分化，有一些聪明的动物分化了出来，它们就是古猿，这些古猿学习直立行走，还学会了分工合作，共同捕猎。渐渐地，古猿向猿人进化，猿人们的外貌因为生活环境和生活习惯开始发生改变。于是，最早期的人类出现了。

随着不断地发展，人类掌握了越来越多的技能，比如学会利用一些工具，进而学会制造工具，后来又学会了使用火，再后来又学会了钻木取火……

人类的发展经历了漫长的旅程，但是每当人们掌握了一项技能，人类文明就有了跨越性的进步。但是，很多事情都是相对的，随着人类文明的不断发展和进步，人们为了提高生活质量，要求的东西也就越来越多。于是人类开始和自然争抢，为了建造树木、种植作物而大肆砍伐森林，大肆捕猎各种动物……

显而易见的，在弱肉强食的世界当中，人类凭借着智慧成为地球的主人，再凶猛的野兽在人类面前也显得无可奈何。正是这个原因，使得人类文明越来越发达，自然被破坏得越来越严重。有些时候，我们不得不反思，人类文明的发展对于地球而言是一种灾难。

实际上，在人类出现之前，地球上曾有好几代霸主，比如横行世界的“巨人”——恐龙，在恐龙灭绝之后，还有很多巨兽。但是当人类出现之后，一切都改变了，也许世界上最凶猛的“野兽”就是人类了，因为人类学会了集体狩猎之后，地狱的大门就打开了一道缝。

不知道你有没有发现这样的一个规律，在没有人类干涉的地区，动物的体积总是比较大，而随着人类活动的不断加剧，越来越多的大型哺乳动物灭亡。即便人们选择人为保护和干预，仍旧不能阻止这件事情的发生。

美国的一个古生物学家在实验室当中保存着一块树懒的粪便，而这坨粪便的主人则是一个体重在100千克左右的大树懒！是不是觉得非常惊人？这么大的树懒几乎已经见不到了。但你不知道的是，在人类不曾涉足美洲这片土地的时候，这里的树懒都是巨型的，最大的树懒甚至有大象那样的体积！但是随着人类文明的不断发展，这些动物的生活环境受到了很大的影响，它们的生长自然也就受到了影响。

想一想现在世界上存在的巨型动物吧，屈指可数，“巨兽”对于现在的我们而言大多都是形容史前动物的。在史前时期，有许许多多的巨兽，那时的老虎比现在大一倍，熊也是如今熊的两倍大，猛犸象和巨猿就更不用说了。那么这些动物又为什么消失了呢？显然，它们灭绝的时间和人类出现的时间总是那么巧合！

如果未来的某一天，人类从地球上消失了，那么地球上的很多动物都可能“返祖”，没有了人类这个头号公敌，动物们的生活轻松多了，它们可以随意发展，长成巨型动物。但是我们也不能够保证地球未来的主人就一定是这些巨兽。

但至少在短期之内，大自然会重新回到人类出现之前的状态。人们的生活痕迹可能会被消灭掉，比如植物旺盛生长，各种建筑风化倒塌。没有了人类活动，二氧化碳的排放量也就不会继续增加，茂密的植物会吸收大部分二氧化碳，然后全球气温不再升高，甚至会降低一些。没有各种有害气体排放，臭氧层也有充足的时间自我修复。也许此时人类存在的痕迹就只有无法分解的“白色垃圾”了。

在这之后，全球气温的降低可能会让冰川重新形成，而已经习惯了温暖的一些生物就会受到严峻的考验。在经历一个轮回之后，地球似乎彻底净化了，又变成了适合人类生存的乐土。只是那个时候人类已经不存在了，但是或许会有另一种聪明的动物开始脱离其他动物群体，进化成另一种类人的高等生物，然后他们也会在时间的流逝中学会实用工具，创造自己的文明，说不定还会通过我们残留下来的难以分解的玻璃、白色垃圾等发现我们人类这种生物曾经的历史。

到了那个时候，也许我们就和消失的猛犸象一样，成为地球历史的一部分，供未来的智者研究观摩了。

乱世枭雄

人类消失之后，地球上的霸主究竟是谁呢？在想到这个问题的同时，也许很多人都认为地球上会出现一个物种统领整个地球。但其实还有一种可能，就是分而治之。仔细想想很多国家的历史吧，许多国家在建立之初只有一小片领土，然后随着实力的不断增强而对外扩张，逐渐发展自己的势力，最终成为一个强大的国家。

但是在一个强大的帝国走向末路的时候，通常都会经历一个分裂割据的过程。当领导者无法继续掌管诸多城池的时候，各个城的领导者便会趁机独立。而城市与城市之间会形成一种互相牵制的胶着状态，直到一个实力足够强大的人重新统一各个城池……

所以，在人类灭亡之后，我们也可以看作是一个统治时代的结束，接下来在选出新的统治者之间，可能会是一个“分裂割据”的局面，在不同的地区可能会有不同的领导者。

说到这里，我们就不得不说大自然的神奇之处了，大自然是一个神奇的系统，各种生物之间是相生相克的关系。比如我们前面猜想植物可能成为未来的世界霸主，但是我们也不能否认，很多昆虫是植物的克星！即便植物生命力再旺盛，在昆虫面前也是无计可施的。那么昆虫会统领一方天地吗？

这也不一定，如果在一片地区树木繁盛，而昆虫恰巧发现了这个“天然粮仓”的话，那么它们就会在这里肆虐，如果专吃昆虫的鸟儿来到这片土地，那么昆虫就不是食物链的最顶端了，那么鸟儿就会成为这个地区的领导者。可是如果这里的环境也适合鸟儿的天敌呢？那么鸟儿就不能站在食物链最顶端了。

简而言之，如果能够站在一个地区食物链最顶端，那么无疑就会成为这个地区的领导者。不过不同种类的动物对生活条件的要求也是不一样的，所以很可能在不同的地区会有不同的领导者。

举例来说，狮子非常厉害，但是它不一定能够成为一片沼泽地的领导者，因为它更适合在草原生存，而且泥沼是鳄鱼们的乐园，狮子如果和鳄鱼在鳄鱼的地盘大战，无疑会惨败而归。

当人类灭亡之后，世界各地的环境可能都会发生变化，比如某些地区会逐渐干枯，有些地区则会变成泥沼。当生活环境发生改变的时候，原来就生活在这片土地上的动物们一定会为了守住自己的地盘而大战一场。比如在泥沼当中，短吻鳄活得逍遥自在，但是周边的巨蟒为了更优越的环境来到了这里，两种猛兽可能就要为了地位和生存而决一死战了。总之，在一片泥沼当中，只有一个领导者，或者是巨蟒，又或者是鳄鱼。

离开沼泽地，还有被海水侵蚀的海岸。这个时候聪明的海豚发现了人类的一些遗物，于是它们便想办法利用这些遗物做诱饵，捕获食物。如果不会引来以海豚为食的猛兽，那么毫无疑问，这片地区就是海豚的天下了。

至于陆地上，或许有的地方是鸟儿的天堂，也有一些地方是黑猩猩的基地，也有些被荒废遗忘掉的地方杂草丛生，成为各种昆虫的乐园……

在人类消失很长一段时间后，或许大自然顺其自然地发展着，不同的地区、不同的圈子产生了不同的领导者。或许经历了漫长的历史后，有一种生物能够重新挑起地球主人的位置，但在那之前的很长很长一段时间里，也许世界都会被分成无数个小圈子，并经历漫长的“群雄争霸”的局面吧！

硕鼠新纪元

如果世界末日来临，那世界上除了人类之外其他的动物能够躲过灭顶之灾吗？对这个问题好奇的人有很多，有一个荷兰的考古学家就对这个问题进行了深入的研究和调查。

首先，我们需要考虑人类为什么会灭亡。可以说人类的灭亡是历史行进的一种必然结果。当然，如今我们对环境的破坏可能让灾难提前而至，不过刨除这个因素，人类有一天终究还是要灭亡的。

为什么会有这样的结论呢？这可不是危言耸听的谣言。我们都知道，地球是在一个固定的轨道上围绕着太阳旋转的，正因为这样，地球才能有一个稳定的气温环境。但根据科学家的研究，地球围绕太阳旋转的轨道是会周期性改变的，每隔250万年左右，地球绕太阳公转的轨道就会从圆形变成椭圆形，而且每隔100万年地球的轴心也会变动一次。这会造成什么结果呢？

首先，我们之所以能有一个适宜的温度，正是因为地球围绕太阳做公转运动，但如果轨道变成椭圆形，当地球运行到举例太阳很远的一点时，地球的温度就会变得非常寒冷，甚至进入冰河时代。气温极度寒冷，植物无法进行光合作用，地面也无法吸收热量，在这样的环境下，人们很难生存。加上地球轨道的变动，正好250万年的周期，因此科学家认定，每隔250万年，地球上就会出现一次哺乳动物的大灭绝。

根据我们人类历史的推算，人类已经在这个地球上繁衍生息了25万年了，按照毁灭周期推断，再有225万年，人类就会灭亡。地球也会从此进入很漫长的一个冰河时代。那么在冰河时代是不是地球上所有的生物都会灭绝呢？

事实上，有一种让我们想象不到的生物可以躲过这次大灾难。它就是未来地球的霸主—— 一种新种类的硕大老鼠！是不是觉得很难相信？平时躲躲藏藏的老鼠竟然可能会成为地球未来的霸主，这会不会太可笑了？但事实上它们能够抵御极度的寒冷，这是我们所无法做到的。所以经过了冰河世纪的考验，人类会在地球上消失，很多很多动物都会在地球上消失，唯有它们可以幸存下来，到了那个时候，它们自然成为适者生存的最佳代表，也就是食物链顶端的生物。

试想一下，当冰河世纪到来，我们会从地球上消失，不过在短时间之内，我们生存过的痕迹还会保留在地球上。只是那个时候是不会有新新人类出现并对我们留下的遗址遗物感兴趣的，唯一成为地球霸主的硕鼠可能只会用我们留下来的东西磨牙！

在最初消失的几十年当中，农作物和街道会逐渐被野草和树木占领。千年之后，所有的建筑都会老化崩塌，变成最原始的世界。而那些濒危动物也会因为失去人类的威胁而迅速繁殖，只不过那个时候硕鼠会不会捣乱我们就不知道了。

如果人类消失20万年以上，那么就连很难分解的化学污染物也会消失。到了那个时候，地区上就再也没有我们生存过的痕迹了。

飞越天际的领导者

蜜蜂，无疑是世界上最勤劳的“优秀模范”了，它们每天都四处采蜜，为各种植物进行授粉。就连古时候的诗词当中都有对蜜蜂的夸赞之词。可见，自古以来蜜蜂就和人类有着非常密切的关系。

想到蜜蜂你会想到什么？甜滋滋的蜂蜜？对身体有益的蜂王浆？实际上，蜜蜂的作用可不仅仅是给我们的生活提供糖分，它的重要性要远高于我们所想。从某种程度上来说，蜜蜂已经成为世界霸主了！

我们人类还没有消失，为什么说微不足道的蜜蜂成为领导者了呢？但事实却是如此。爱因斯坦说过：“如果蜜蜂从地球上消失，那么人类活不过4年！”看了这句话，你是不是觉得蜜蜂厉害了呢？因为蜜蜂掌控着我们的命运，如果蜜蜂消失，那么我们人类也就走向末路了。

原因是这样的。蜜蜂是生物链当中非常重要的一环，这是不可否认的。如果蜜蜂消失了，虽然不知直接对我们造成什么伤害，但是它带来的副作用足以撼动整个地球！因为蜜蜂是在生物链的底层，是连接植物和动物的桥梁，它消失了，那么生物链就断掉了。蜜蜂采蜜的过程也是为植物授粉的过程，如果没有蜜蜂，那么植物就没有媒介可以授粉，不经过授粉，植物就无法长出果实，更无法结子，那我们自然要面临末日了。

不要认为其他的昆虫可以替代蜜蜂，这是不可能的，因为有很多昆虫在传播花粉的过程中也会吃掉植物，这对植物本身来讲就是一种伤害，而蜜蜂则只吃蜂蜜，这对于植株而言没有任何不良影响。就算现在发明了无籽栽培，但在人们越来越否定转基因的今天，无籽栽培已然不是自然生长可能产生的结果。

那么是不是说我们只要好好对待蜜蜂就行了呢？实际上，从21世纪初开始，就已经有蜜蜂大量死亡的事件了，或者蜜蜂飞走便再也没有飞回来。人们称这种现象作“蜂群衰竭失调症”。这种问题导致的结果就是蜜蜂数量骤减，划分传播不顺利。更加让我们担心的不仅仅是蜜蜂，就连蝴蝶等授粉的昆虫数量也减少了。

发生这种现象的原因是什么呢？虽然人们在努力寻找问题的根源，但至今还没能确定。不过大部分人都认为蜜蜂的消失是人类活动的结果，比如人类在植株上喷洒过多的杀虫剂或农药，这些可能导致蜜蜂中毒身亡，或者蜜蜂不愿意采蜜而被饿死。

也有人认为这是通信技术发展导致的。因为蜜蜂有自己的导航系统，但是通信发展使得辐射越来越多，蜜蜂失去了方向感，可能就会迷路，甚至于饿死。不过也有人相信，蜜蜂消失是不可能的事情，它只可能在部分地区消失。如果你也这样想的话，那么就要赶紧敲醒自己了！历史上有许许多多数量繁多的动物，它们不也正是在我们不担心的状况下灭亡的吗？

不要到蜜蜂消失的那天再后悔，别忘了，我们人类的明天还掌握在蜜蜂的手里呢！

图书在版编目（CIP）数据

亚特兰蒂斯：寻找失落的文明 / 石默编著.—北京：时事出版社，2016.6

ISBN 978-7-80232-947-8

Ⅰ.①亚… Ⅱ.①石… Ⅲ.①世界史-古代史-文化史-普及读物 Ⅳ.①K12-49

中国版本图书馆CIP数据核字（2015）第320405号

出版发行：时事出版社
地　　址：北京市海淀区万寿寺甲2号
邮　　编：100081
发行热线：（010）88547590　88547591
读者服务部：（010）88547595
传　　真：（010）88547592
电子邮箱：shishichubanshe@sina.com
网　　址：www.shishishe.com
印　　刷：北京建泰印刷有限公司

开本：787×1092　1/16　印张：18　字数：212千字
2016年6月第1版　2016年6月第1次印刷
定价：32.00元
（如有印装质量问题，请与本社发行部联系调换）